입을 때마다 행복한
핸드메이드 여성복
making & styling book

오바라 요코

HANDIS

누구든지
나에게 가장 잘 어울리는 스타일로
예쁘게 꾸미고 싶어합니다.

매일 부담스럽지 않게,
어디에서나 자연스럽게 입을 수 있으면서도
소품 또는 다른 옷과 조합했을 때
새로운 스타일로 입을 수 있는
그런 옷들을 담았습니다.

입기만 해도 하루가 행복해지는
나만의 핸드메이드 옷을 만나보세요

Contents

4	SECTION I	다양한 스타일링이 가능한 셔츠
8	SECTION II	부담스럽지 않게 입을 수 있는 레이스 의상
12	SECTION III	편안하면서 세련된 카슈쾨르 원피스
16	SECTION IV	스타일링을 좌우하는 액세서리
24	SECTION V	클래식한 스타일의 옷
32	SECTION VI	특별한 날에 입기 좋은 나만의 옷
36	SECTION VII	스타일리시한 아이템

SECTION I

다양한 스타일링이 가능한 셔츠

베이직한 스타일의 화이트 셔츠는
다양한 옷과 함께 매치하여 입을 수 있습니다.
여기에서는 끝이 둥근 스탠드 칼라가 달려 있는,
조금 긴 기장의 플레어 실루엣 셔츠를 소개합니다.
소프트한 촉감의 린넨으로 만들면 사계절 내내 입기 좋은 옷이 완성됩니다.

1 HOW TO MAKE P.47

셔츠는 단독으로 입어도, 다른 옷과 레이어드해서 입어도 좋습니다.
깔끔한 느낌의 화이트 셔츠는 어떤 옷과 매치해도 산뜻한 인상을 더해줍니다.

2 HOW TO MAKE P.48

4페이지 셔츠의 길이를 늘려 원피스로 만들었습니다.
아우터로도 입기 좋은 긴 기장으로, 얇은 린넨 소재로 만들면 착용감이 좋습니다.

SECTION II 부담스럽지 않게 입을 수 있는 레이스 의상

촉감이 좋은 코튼이나 린넨에
자수가 놓아진 레이스 소재를 더해 옷을 만들었습니다.
레이스의 화려한 느낌이 부담스럽다면,
심플한 디자인으로 만드는 것을 추천합니다.

3 HOW TO MAKE P.50

심플한 실루엣의 린넨 원피스에
들꽃을 모티브로 한 자수를 더해
여성스러운 느낌을 가득 담았습니다.

4 HOW TO MAKE P.52

볼륨감 있는 자수가 놓아진 코튼 오건디(cotton-organdy) 소재의 레이스로 조금은 짧은듯한 기장의 블라우스를 만들었습니다. 스커트와 함께 매치하여 입기 좋은 아이템입니다.

5 HOW TO MAKE P.53   앤티크한 느낌의 자수가 놓아진 코튼 오건디 소재의 레이스로
차분하고 여성스러운 스타일의 튜닉 블라우스를 만들었습니다.

SECTION III

편안하면서 세련된 카슈쾨르 원피스

입는 방법에 따라 다양한 연출이 가능한 카슈쾨르 원피스는
여성스러움이 가득 담겨있는 아이템입니다.
넉넉한 실루엣으로 만들면 다른 옷과 레이어드하거나
아우터로 즐길 수 있어 좋습니다.

6 HOW TO MAKE P.54

여유 있는 실루엣의 카슈쾨르 원피스는
허리와 앞어깨에 주름을 잡아 풍성한 스타일로 완성했습니다.

다양한 프린트 원단으로 나만의 개성을 더해보세요.

SECTION IV

스타일링을 좌우하는 액세서리

코디네이트에서 빼놓을 수 없는 액세서리.
화려하고 반짝거리는 주얼리나 빈티지한 느낌의 액세서리 등
그날의 분위기와 잘 어울리는
액세서리를 더해 멋진 스타일링을 완성해보세요.

크리스탈 또는 아이보리, 다크브라운 컬러의 섬세하게 가공된 액세서리는 앤티크한 느낌을 가득 담고 있습니다.

큼직한 액세서리와 잘 어울리는 심플하고 고급스러운 느낌의 스타일링.

7 HOW TO MAKE P.56

워시 가공된 린넨으로 만든
여리여리한 느낌의 블라우스는
목에 스카프를 두른듯한 실루엣으로 완성했습니다.

8 HOW TO MAKE P.57   빛이 바랜듯한 자연스러운 컬러의 부드러운 프린트 코튼으로 만든 블라우스.
원단의 무늬와 어울리는 브로치로 앤티크한 분위기를 더했습니다.

9 HOW TO MAKE P.58   래글런 소매의 블라우스는 재킷처럼 입을 수 있도록
여유 있는 실루엣으로 만들었습니다.
봄과 여름에 즐겨 입기 좋은 아이템입니다.

액세서리 느낌의 아기자기한 단추로 포인트를 더해주세요.

베이직한 블라우스는 단추에 포인트를 더해보세요.
위쪽 사진의 블라우스는 화이트부터 그레이까지 모노톤의 단추를 골라 달고,
20페이지의 블라우스는 원단과 같은 컬러가 쓰인 일러스트 단추와 투명한
단추 등 여러가지 디자인의 단추를 달아 완성했습니다.

스카프를 잘 활용하면 스타일링의 완성도가 높아집니다.

직사각형의 스카프를 원하는 폭으로 길게 접어서 사진처럼 머리를 감싸 묶은 다음, 매듭 끝을 스카프의 안쪽으로 넣어 정리하면 헤어밴드로 연출할 수 있습니다.

스카프를 목에 감은 다음, 양쪽 끝을 링에 끼워 고정하면 색다른 스타일로 연출할 수 있습니다.

정사각형의 스카프를 대각선 방향으로 접어 삼각형으로 만들어 뒤통수에서 이마 쪽으로 감싸 묶은 다음, 삼각형 끝부분과 매듭을 안쪽으로 넣어 정리하면 두건으로 연출할 수 있습니다.

정사각형 스카프의 대각선을 중심으로 양쪽 모서리를 접어 가늘고 긴 형태로 만들어 매듭을 묶으면 넥타이처럼 연출할 수 있습니다.

클래식한 스타일의 옷

유럽의 앤티크 드레스에서
옷깃이나 소매의 형태, 레이스 문양 등을
응용하여 만든 클래식한 스타일의 옷을 소개합니다.
화이트나 아이보리 컬러의 원단을 이용해
깔끔하고 여성스러운 느낌으로 완성해보세요.

SECTION V

10   HOW TO MAKE P.60   목둘레, 소매둘레, 주머니 입구에 고무줄을 넣어 편하게 입을 수 있는 에이프런입니다.
워시 가공된 부드러운 린넨을 사용해 차분하고 부드러운 느낌으로 완성했습니다.

11 HOW TO MAKE P.62 　하늘하늘한 실루엣의 코튼 원피스는
자수가 놓아진 레이스 원단으로 포인트를 주었습니다.

앤티크한 느낌의 스목(smock)을 원피스로

12 HOW TO MAKE P.59　앞여밈에 요크 절개가 있는 7부 소매의 튜닉 원피스는
차분한 느낌의 네이비 컬러 린넨과 잘 어울립니다.

13 HOW TO MAKE P.64

화이트 컬러의 코튼 레이스로 만든 블라우스 에이프런은
일상복으로 입어도 손색없는 디자인입니다.

14 HOW TO MAKE P.66   투명하게 비치는 얇은 린넨으로 만든 캐미솔 스타일의 에이프런.
얇은 어깨끈이 여성스러운 느낌을 더해줍니다.

특별한 날에 입기 좋은 나만의 옷

결혼식이나 파티, 장례식 등 격식 있는 자리에서
입기 좋은 여러가지 아이템들을 소개합니다.
각 상황에 맞춰 분위기에 벗어나지 않으면서도
나와 잘 어울리는 스타일의 옷을 찾아보세요.

15 HOW TO MAKE P.68

블랙 컬러의 코튼린넨 레이스로 만든 볼레로&원피스.
핑크 등 눈에 띄는 포인트 컬러의 아이템을 함께 매치하면
개성 있는 스타일이 연출됩니다.

일상복에서부터 특별한 날의 스타일링까지!

블랙 컬러의 재킷이나 볼레로와 함께 입으면
엄숙하고 정중한 자리에 어울리는 스타일이 됩니다.
같은 컬러의 펌프스를 함께 매치하여
격식 있는 옷차림을 완성해보세요.

슬리브리스의 블랙 원피스는 캐주얼한 분위기와 잘 어울립니다.
태슬 슈즈와 바스켓백을 함께 매치해보세요.

스트라이프 티셔츠에 화이트 팬츠,
그 위에 짧은 기장의 재킷을 함께 매치하고
밀짚모자와 부츠로 캐주얼함을 더했습니다.
일상복으로 멋스럽게 입기 좋은 스타일입니다.

SECTION VII

스타일리시한 아이템

블라우스, 스커트, 팬츠 등 단품으로 입어도 멋스러운 디자인들을 소개합니다.
심플한 옷이나 소품을 함께 매치하여 세련된 스타일을 완성해보세요.

16 HOW TO MAKE P.70

소녀같은 느낌의 귀여운 세일러 칼라 블라우스는
여유 있는 실루엣이 멋스러운 스타일입니다.
워시 가공한 코튼을 이용해 깔끔한 느낌으로 완성했습니다.

17 HOW TO MAKE P.72 (BLOUSE)
18 HOW TO MAKE P.73 (PANTS)

37페이지의 세일러 칼라 블라우스 몸판에 후드를 달아
코튼린넨 소재로 만든 후드 블라우스입니다.
착용감이 좋은 배기 팬츠는 두께감 있는 린넨으로 완성했습니다.

19 HOW TO MAKE P.74

꾸준히 사랑받는 블랙 워치 원단으로
만든 3단 티어 스커트입니다.
여유있는 실루엣에 살랑거리는
느낌이 좋습니다.

20   HOW TO MAKE P.76

볼륨감이 살아있는 벌룬 스커트는
밑단으로 갈수록 살짝 오므려지는
실루엣으로 만들었습니다.
코튼린넨으로 만들어 착용감이 좋습니다.

21   HOW TO MAKE P.78   스포티한 디자인의 폴로 셔츠는
앞트임의 큰 단추와 몸판의 옆주머니로 포인트를 주었습니다.

22 HOW TO MAKE P.77

앞뒤에 턱을 접어 여유있는 실루엣으로 만든
와이드 팬츠입니다. 걸을 때마다 살랑거리는
넓은 바지폭이 롱스커트 같은 느낌을 줍니다.

Yoko Obara
小原洋子 오바라 요코
Cotton House Aya

코튼하우스 아야는 일본에서 생산된 오리지널 소재만을 고집하는 코튼린넨 중심의 옷 만들기 브랜드로, 8곳의 직영점포가 운영되고 있습니다. 각 점포별로 제품의 구성과 특색에 맞게 인테리어 되어 있지만, 유럽의 앤티크 소품들이 놓여져 있다는 공통적인 특징을 가지고 있습니다. 편안하고 착용감이 좋은 옷을 통해서 맵시 있는 스타일링과 함께 행복하고 즐거운 라이프 스타일도 함께 제안하고 있습니다.

Champ de Blé
샹 드 브레

東京都世田谷区奥沢5-20-18
tel. 03-6421-1303
自由が丘にある直営のショップ。
http://cotton-house-aya.jp

MESSAGE

오래전 파리의 클리냥크루에서 하얀 린넨이 가득한 앤티크 샵을 만난 후,
언젠가는 이런 가게를 열고 싶다고 생각했습니다.

그 생각이 코튼하우스 아야의 화이트 셔츠 콜렉션을 시작하는 계기가 되었습니다.
또 앤티크 시장에서 발견한 메이드 작업복과 화가의 스목이 나의 옷 만들기에
영감을 주었으며, 그 여행지에서 직접 구입한 스카프, 액세서리, 가방, 바구니들을
사용해 코디네이트를 완성했습니다. 책 속의 심플한 옷과 소품의 코디네이트는
나만의 스타일을 가득 담고 있다고 생각하고 있습니다.

내 마음에 드는 "앤티크 찾기 여행"은 앞으로도 계속해 가고 싶습니다.

유럽의 옛 물건의 좋은 점에 매료된 것이 계기가 되어, 일본의 장인정신의
훌륭함을 알 수 있었습니다. 현재는 일본 각지의 기술자가 정성스럽게
만든 소재를 활용하여 옷을 만들고 있습니다.

내추럴한 색을 중심으로 한 코튼과 린넨의 착용감을 살린 본 서적을 통해서
코튼하우스 아야의 옷을 좋아해 주시는 여러분에게 감사드립니다.

1 앤티크한 느낌을 가득 담은 액세서리.
2 작은 수예점의 앤티크 단추와 레이스, 수예도구가 놓아져있다.
3 미니 갤러리의 느낌으로 1700~1800년도 자수 샘플러가 장식된 벽면.
4 앤티크 셔츠 등도 판매하고 있다.
5 도쿄·니혼바시 미쓰코시에 있는 직영 매장에서는 오리지널 레이스도 소량으로 판매하고 있다.

HOW TO MAKE

실물크기 패턴의 사이즈와 사용방법

+ 대부분의 작품은 부록인 실물크기 패턴을 사용하여 만듭니다. 책 속의 작품들은 여유 있는 실루엣으로 디자인되어 있기 때문에 실물크기 패턴은 한 가지의 사이즈로 수록되어 있습니다. 만드는 방법 페이지에 작품의 완성 사이즈와 착용이 가능한 사이즈의 범위를 표기하고 있으니, 참고 사이즈표를 참고하여 사이즈를 확인해주세요. 또한, 옷길이와 팬츠길이는 입는 사람의 취향에 따라 다르므로, 가지고 있는 옷 중에서 만들고자 하는 옷과 비슷한 옷을 찾아 사이즈감을 파악하여 원하는 길이를 먼저 체크하는 것을 추천합니다.

참고 사이즈표	M	ML	L
가슴둘레	80~84	84~88	88~92
엉덩이둘레	88~92	92~96	96~100

(단위cm)

+ 각 작품의 만드는 방법 페이지에서 사용해야 하는 패턴을 확인한 후, 실물크기 패턴에서 필요한 패턴을 패턴지에 베낍니다.

+ 실물크기 패턴에는 시접이 포함되어 있습니다. 패턴지에 완성선과 시접선을 함께 베낍니다. 이때 올 방향선과 맞춤점, 주머니와 단추다는 위치 등도 잊지 말고 베껴주세요. 베낀 패턴은 시접선을 따라 잘라냅니다.

+ 3가지의 에이프런과 티어 스커트는 실물크기 패턴이 없기 때문에, 재단 배치도의 치수를 참고하여 패턴을 직접 제도합니다. 치수에는 시접이 포함되어 있지 않으니, 완성 치수로 제도를 한 패턴에 각각의 시접을 더한 선을 그려줍니다. 실물크기 패턴과 동일하게 시접이 포함된 패턴으로 만들어두면 좋습니다.

원단 재단과 표시 주기

+ 만드는 방법 페이지의 재단 배치도를 참고하여 원단 위에 패턴을 배치하고, 시접이 포함된 패턴으로 원단을 재단합니다.

+ 시접이 포함된 패턴으로 재단한 원단의 끝을 미싱에 달린 침판의 눈금에 맞춰 봉합하면 따로 완성선을 그리지 않아도 봉합할 수 있습니다. 맞춤점과 트임 끝점 등은 원단 끝에 0.2~0.3cm정도 가윗집을 주어 표시합니다. 또 주머니다는 위치 등은 원단의 안쪽면에 양면 초크페이퍼나 원단용 펜초크 등으로 표시합니다.

+ 완성선을 표시하는 경우에는 원단을 안끼리 맞닿게 접어 2장의 원단 사이에 양면 초크페이퍼를 끼운 다음, 완성선을 따라 룰렛을 움직여 표시합니다.

+ 재단 배치도에 표기되어 있는 원단의 요척은 무늬 맞춤을 하지 않은 상태입니다. 무늬 맞춤을 하는 경우에는 원단을 여유 있게 준비해주세요.

미싱실과 바늘

+ 만드는 방법 페이지의 [재료]에서는 미싱실을 생략하고 있습니다. 사용할 원단에 맞춰서 미싱실을 준비해주세요. 보통 또는 조금 두꺼운 두께의 코튼린넨 또는 린넨에는 60수 폴리에스테르 미싱실과 11호 미싱바늘을 사용하고, 얇은 원단은 90수 폴리에스테르 미싱실과 9호 미싱바늘을 사용합니다.

I P.4 1 화이트 셔츠

+ 실물크기 패턴(1면 A)
  A앞몸판, A뒷몸판, A소매, A칼라, A칼라 받침
+ 완성 사이즈 (M~L 사이즈)
  가슴둘레 118cm 옷길이 72.5cm 소매길이 57.5cm

재료
겉감　프렌치 린넨……110cm폭×220cm
접착심……90cm폭×70cm
단추……지름 1.3cm 8개

준비
앞여밈의 시접, 칼라 받침, 안칼라의 안쪽면에 접착심을 붙인다

만드는 방법
1 앞여밈을 정리한다 → 그림
2 어깨를 봉합한다 → 앞·뒤몸판의 어깨를 겉끼리 맞대어 봉합하고
  2장의 시접을 함께 지그재그봉합 또는 오버록 통솔처리한 다음,
  뒷몸판 쪽으로 넘겨 상침한다
3 칼라를 만든다 → p.49
4 칼라를 단다 → p.49
5 소맷부리에 트임을 만든다 → p.49
6 소매를 단다 → 몸판의 소매둘레와 소매를 겉끼리 맞대어 봉합하고
  2장의 시접을 함께 지그재그봉합 또는 오버록 통솔처리한 다음,
  몸판 쪽으로 넘겨 상침한다
7 소매 아래에서 옆선까지 한 번에 이어서 봉합하고, 소맷부리를 정리한다 → p.49
8 몸판의 밑단을 정리한다 → 밑단 시접을 1cm 폭으로 두 번 접어 상침한다
9 몸판에 단춧구멍을 만들고 단추를 단다
  (칼라 받침의 단춧구멍은 가로로, 그 외에는 세로로 만든다)

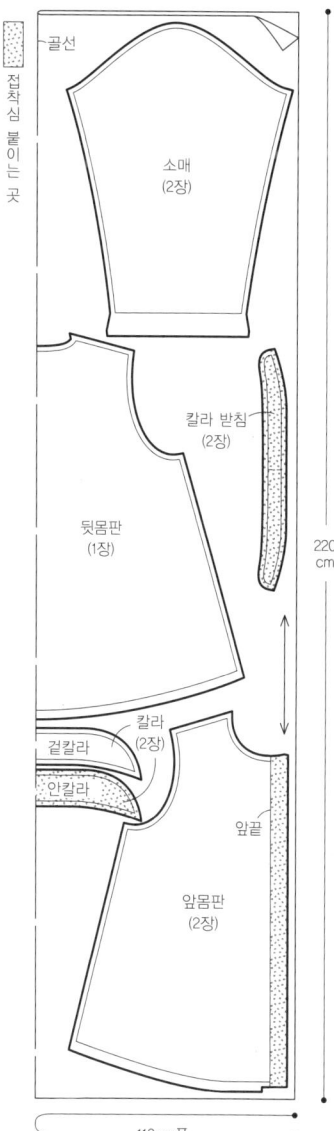

재단 배치도

만드는 방법

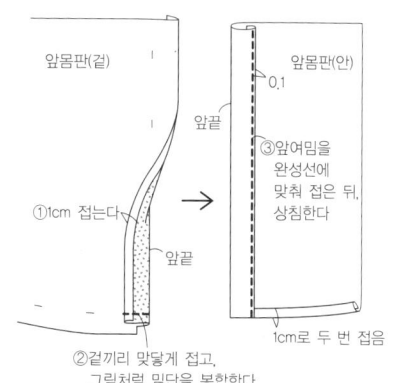

1 앞여밈을 정리한다

SECTION I P.6 2 셔츠 원피스

+ **실물크기 패턴(1면 A)**
  A앞몸판, A뒷몸판, A소매, A칼라, A칼라 받침
+ **완성 사이즈 (M~L 사이즈)**
  가슴둘레 118cm 옷길이 110cm 소매길이 57.5cm

재료
겉감   보일 린넨……110cm폭×330cm
접착심……90cm폭×110cm
단추……지름 1.3cm 11개

준비
앞여밈의 시접, 칼라 받침, 안칼라의 안쪽면에 접착심을 붙인다

만드는 방법
1 앞여밈을 정리한다 → 그림
2 어깨를 봉합한다 → 앞·뒷몸판의 어깨를 겉끼리 맞대어 봉합하고
  2장의 시접을 함께 지그재그봉합 또는 오버록 통솔처리한 다음,
  뒷몸판 쪽으로 넘겨 상침한다
3 칼라를 만든다 → 그림
4 칼라를 단다 → 그림
5 소맷부리에 트임을 만든다 → 그림
6 소매를 단다 → 몸판의 소매둘레에 소매를 겉끼리 맞대어 봉합하고
  2장의 시접을 함께 지그재그봉합 또는 오버록 통솔처리한 다음,
  몸판 쪽으로 넘겨 상침한다
7 소매 아래에서 옆선까지 한 번에 이어서 봉합하고, 소맷부리를 정리한다 → 그림
8 몸판의 밑단을 정리한다 → 밑단 시접은 1cm 폭으로 두 번 접어 상침한다
9 몸판에 단춧구멍을 만들고 단추를 단다
  (칼라 받침의 단춧구멍은 가로로, 그 외에는 세로로 만든다)

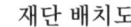

재단 배치도

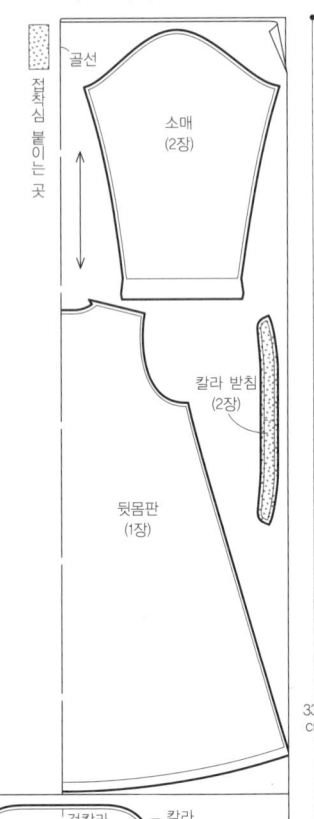

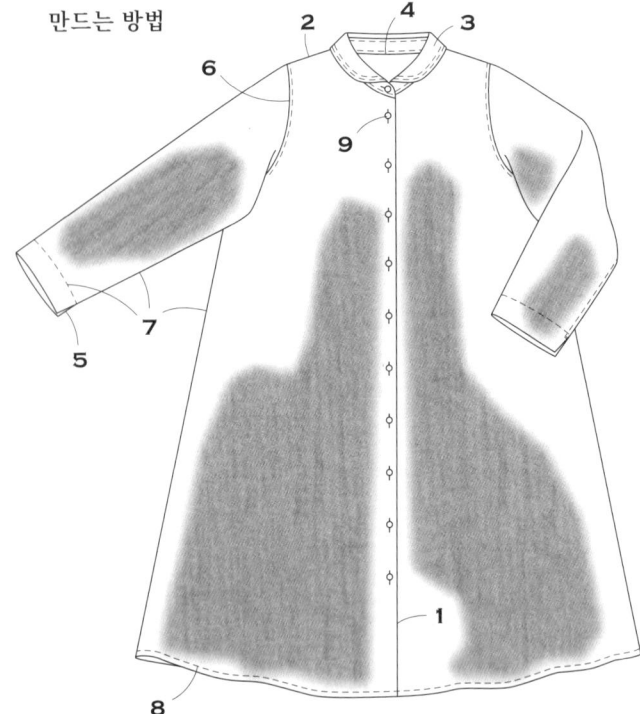

만드는 방법

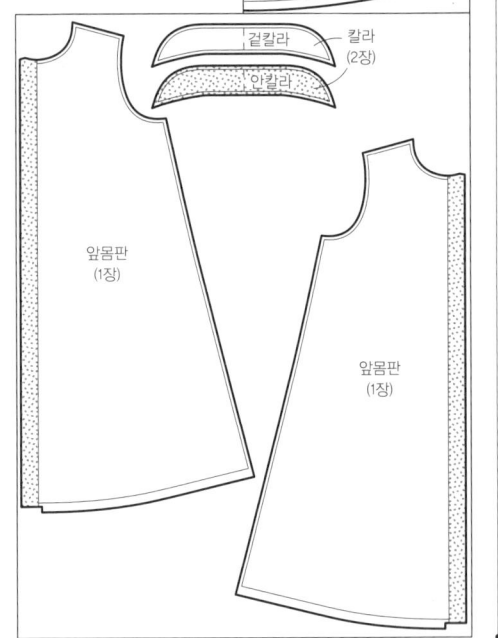

1 앞여밈을 정리한다

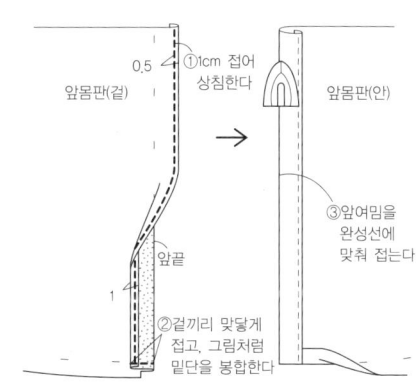

3 칼라를 만든다

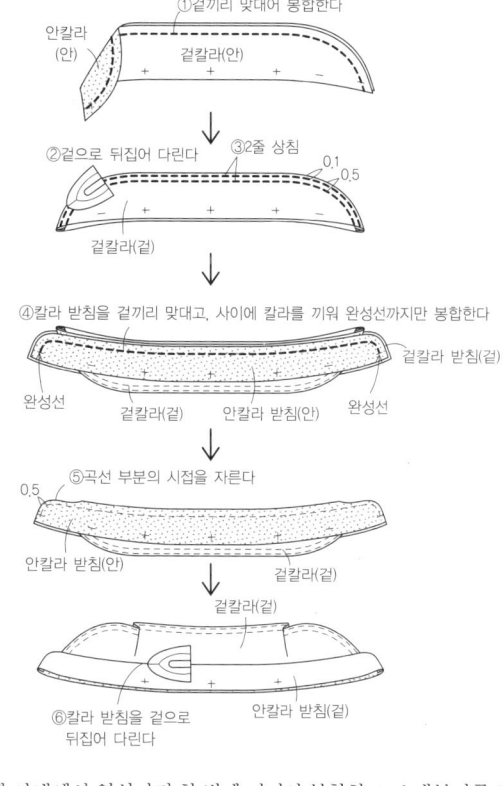

4 칼라를 단다

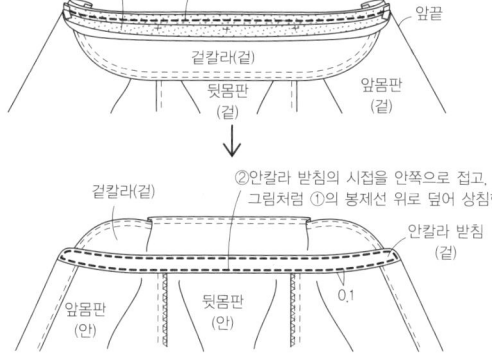

5 소맷부리에 트임을 만든다

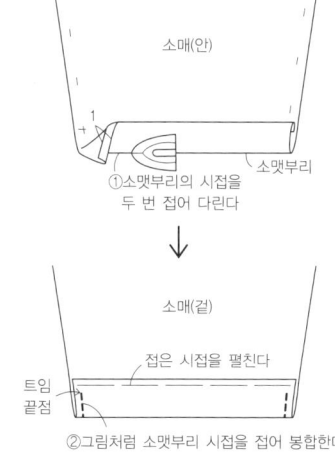

7 소매 아래에서 옆선까지 한 번에 이어서 봉합하고, 소맷부리를 정리한다

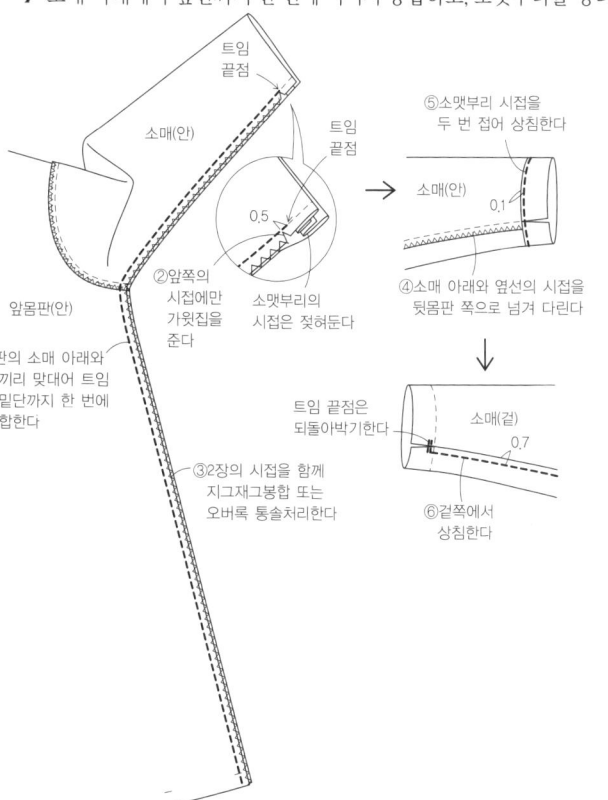

II P.9 3 자수 원피스

+ **실물크기 패턴(2면 B)**
  B앞몸판, B뒷몸판, B앞스커트, B뒷스커트, B소매,
  B앞안단, B뒤안단
+ **완성 사이즈 (M~ML 사이즈)**
  가슴둘레 99cm 옷길이 97cm 소매길이 22cm

재료
겉감 스트라이프 자수의 린넨……120cm폭×240cm
접착심……90cm폭×20cm
접착테이프 심지……1.5cm폭×90cm
콘실지퍼……56cm 1개
걸고리……1쌍

준비
안단의 안쪽면에 접착심을 붙인다. 뒷몸판 지퍼다는 곳의
시접 안쪽면에 접착테이프 심지를 붙인다. 뒷몸판의 뒷중심 시접은
지그재그봉제 또는 오버록 처리한다

만드는 방법
1. 뒷중심을 봉합하고 콘실지퍼를 단다 → 그림
2. 어깨를 봉합한다 → 앞·뒷몸판의 어깨를 겉끼리 맞대어 봉합하고, 2장의
   시접을 함께 지그재그봉합 또는 오버록 통솔처리한 다음, 뒷몸판쪽으로 넘
   겨 상침한다. 앞·뒤안단도 같은 방법으로 어깨를 봉합하고 시접을 가름솔
   한다
3. 몸판과 안단을 봉합한다 → 그림
4. 소매를 단다 → 몸판의 소매둘레에 소매를 겉끼리 맞대어 봉합하고,
   2장의 시접을 함께 지그재그봉합 또는 오버록 통솔처리한 다음,
   소매 쪽으로 넘긴다
5. 스커트 밑단을 정리한다 → 시접을 1.5cm 폭으로 두 번 접어 상침한다
6. 몸판과 스커트를 겉끼리 맞대어 봉합한다. 2장의 시접을 함께 지그재그봉
   합 또는 오버록 통솔처리한 다음, 몸판 쪽으로 넘겨 상침한다
7. 소매 아래에서 밑단까지 한 번에 이어서 봉합하고 2장의 시접을 함께
   지그재그봉합 또는 오버록 통솔처리한 다음, 뒷몸판 쪽으로 넘겨 상침한다
8. 소맷부리를 정리한다 → 시접을 2cm 폭으로 두 번 접어 상침한다
9. 뒷중심에 걸고리를 단다

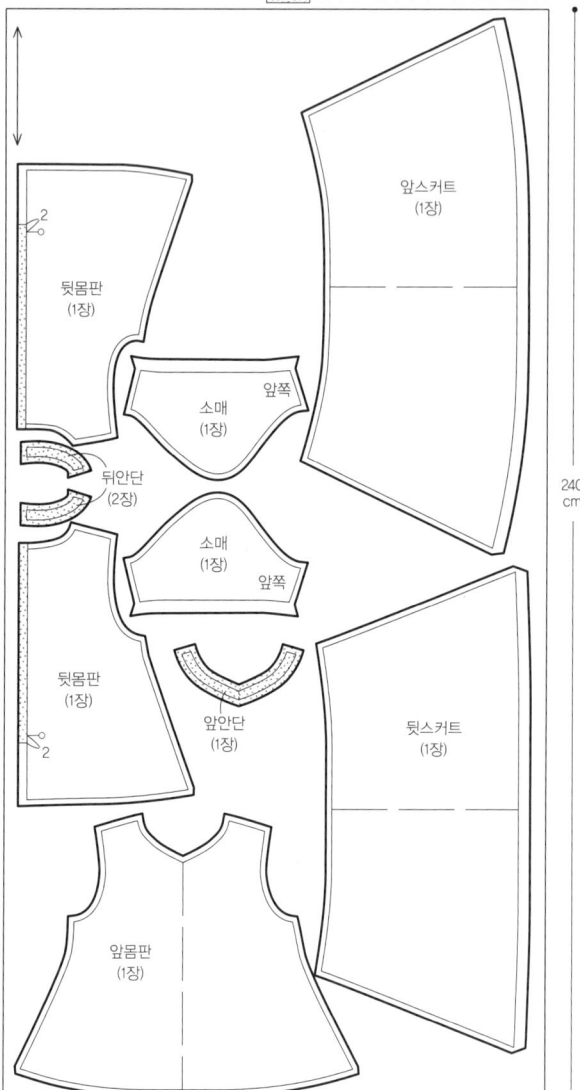

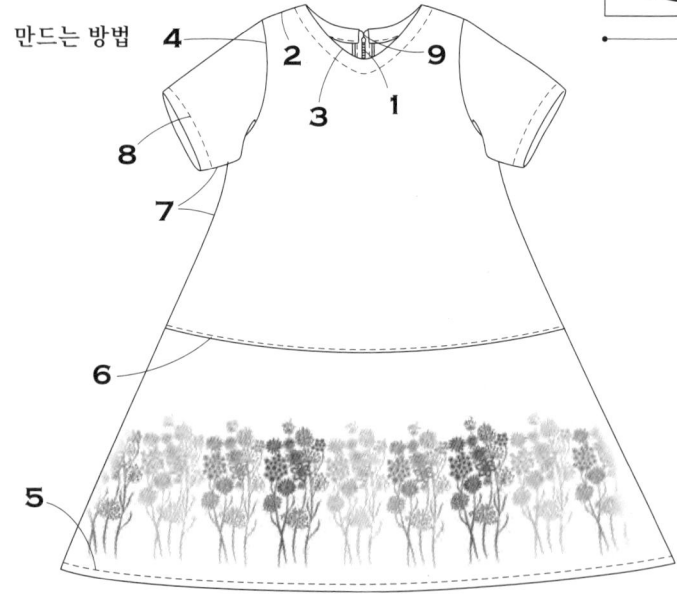

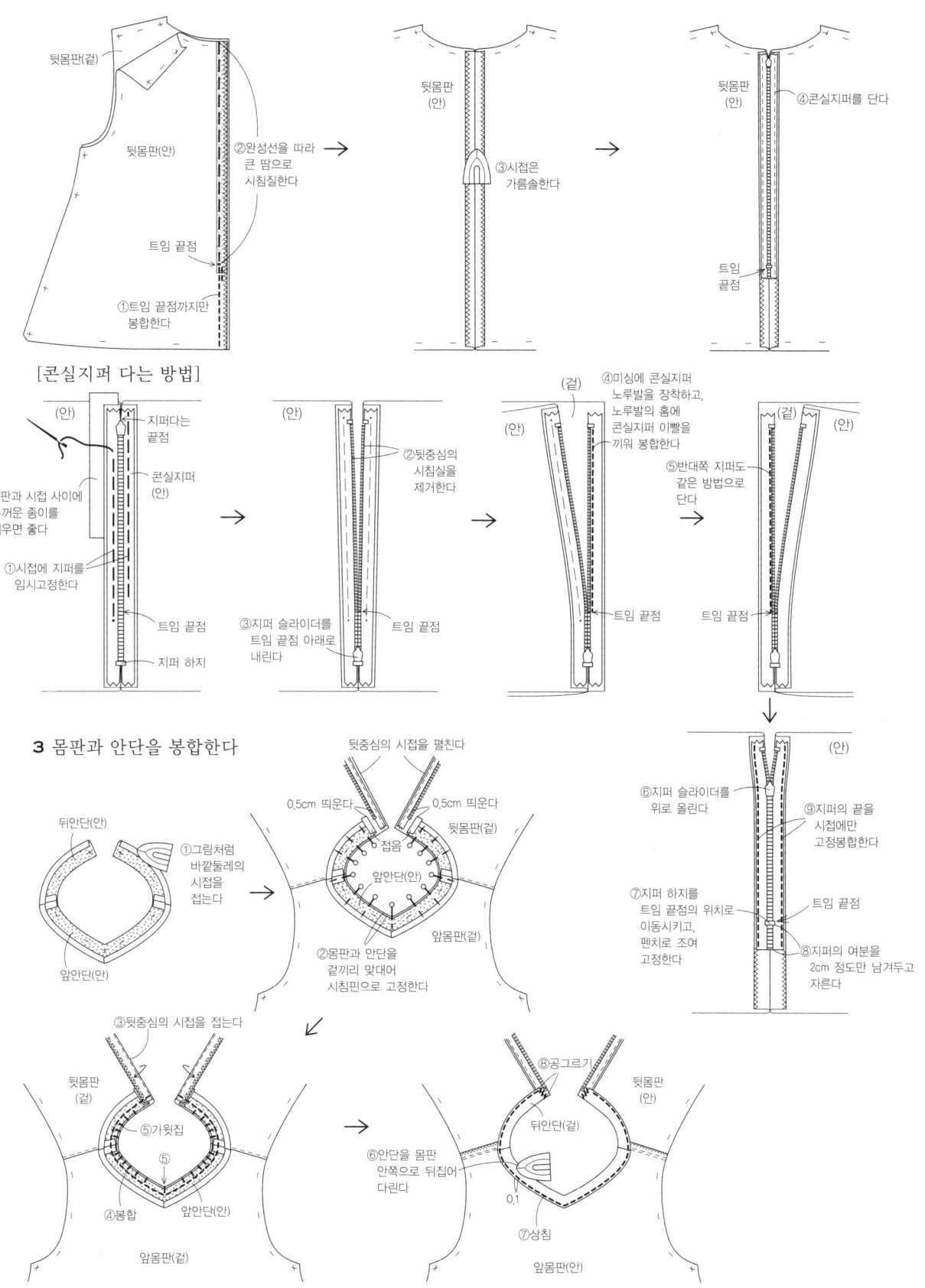

SECTION II P.10 4 레이스 블라우스

- **실물크기 패턴(3면 C)**
  C앞몸판, C뒷몸판, C소매
- **완성 사이즈 (M~L 사이즈)**
  가슴둘레 118cm 옷길이 53.5cm 소매길이 53cm

재료
겉감   코튼 오건디 레이스······95cm폭×210cm
배색천 코튼 오건디······50×45cm
단추······지름 1.15cm 1개

만드는 방법
1. 뒤트임을 만든다 → 그림
2. 어깨를 봉합한다 → 앞·뒷몸판의 어깨를 겉끼리 맞대어 봉합하고, 2장의 시접을 함께 지그재그봉합 또는 오버록 통솔처리한 다음, 뒷몸판 쪽으로 넘긴다
3. 목둘레를 바이어스천으로 감싸 봉합한다. 이때 오른쪽 뒤끝에는 끈고리를 끼워 봉합한다 → 그림
4. 소맷부리에 트임을 만든다 → p.49
5. 소매를 단다 → 몸판의 소매둘레에 소매를 겉끼리 맞대어 봉합하고, 2장의 시접을 함께 지그재그봉합 또는 오버록 통솔처리한 다음, 몸판 쪽으로 넘긴다
6. 소매 아래에서 옆선까지 한 번에 이어서 봉합하고, 소맷부리를 정리한다 → p.49
7. 몸판의 밑단을 정리한다 → 밑단 시접을 0.8cm 폭으로 두 번 접어 상침한다
8. 끈고리 위치에 맞춰 뒷몸판에 단추를 단다

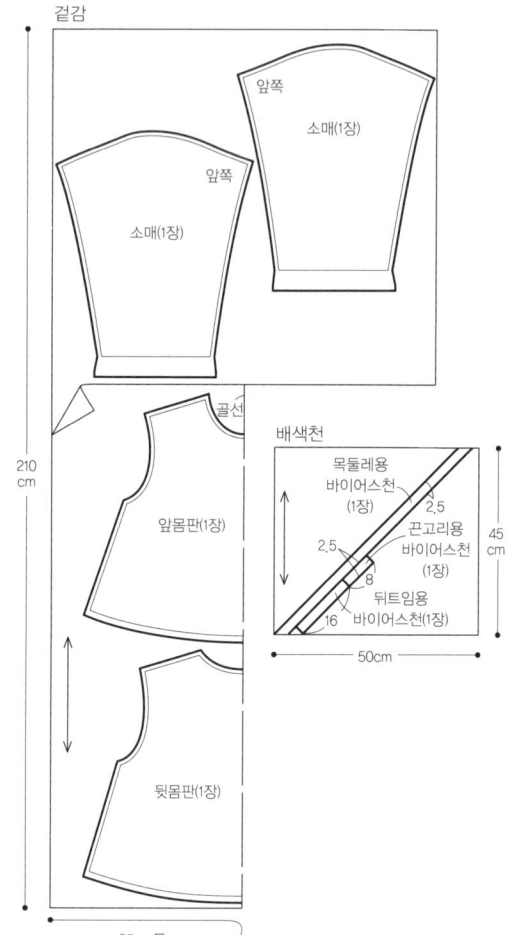

재단 배치도

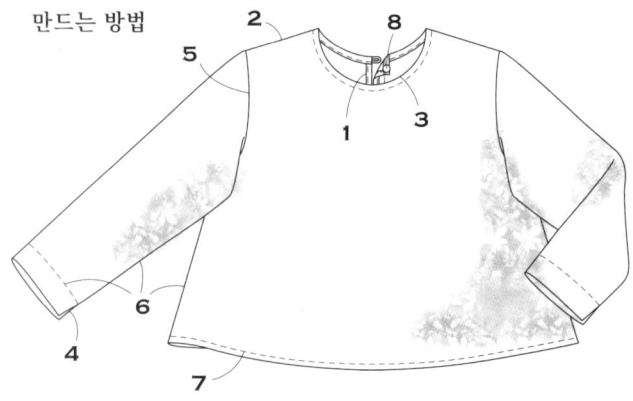

만드는 방법

1 뒤트임을 만든다

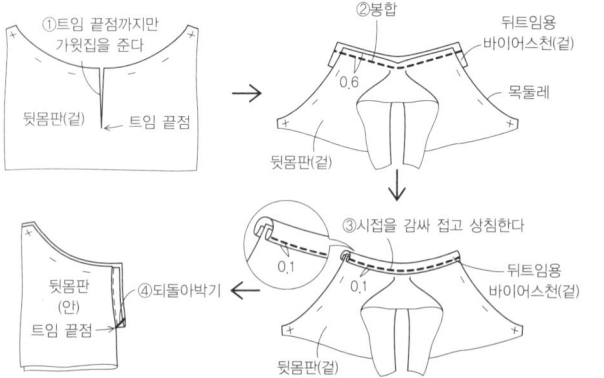

3 목둘레를 바이어스천으로 감싸 봉합한다

[끈고리 만드는 방법]

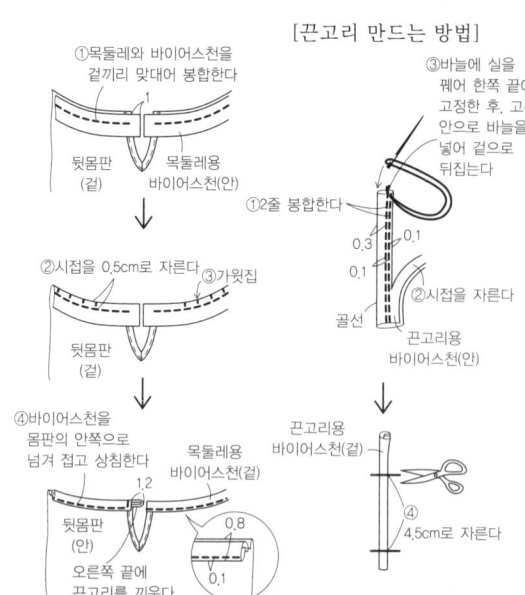

P.11 5 튜닉 블라우스

+ 실물크기 패턴(4면 D)
  D앞몸판, D뒷몸판, D소매, D뒤트임 안단,
  D앞안단, D뒤안단
+ 완성 사이즈 (M~L 사이즈)
  가슴둘레 109cm 옷길이 78.5cm 소매길이 45cm

재료
겉감 코튼 오건디 레이스……96cm폭×230cm
접착심……90cm폭×30cm
단추……지름 1.3cm 4개

준비
각 안단의 안쪽면에 접착심을 붙인다
뒤트임 안단의 아래끝 시접을 지그재그봉제 또는 오버록 처리한다

만드는 방법
1 어깨를 봉합한다 → 앞·뒷몸판의 어깨를 겉끼리 맞대어 봉합하고, 2장의 시접을 함께 지그재그봉합 또는 오버록 통솔처리한 다음, 뒷몸판 쪽으로 넘긴다. 앞·뒤안단도 같은 방법으로 어깨를 봉합하고 시접을 가름솔한다
2 몸판에 안단과 뒤트임 안단을 봉합한다 → 그림
3 뒷중심을 봉합하고, 트임 끝점을 정리한다 → 그림
4 소맷부리에 트임을 만든다 → p.49
5 소매를 단다 → 몸판의 소매둘레에 소매를 겉끼리 맞대어 봉합하고, 2장의 시접을 함께 지그재그봉합 또는 오버록 통솔처리한 다음, 소매 쪽으로 넘긴다
6 소매 아래에서 옆선까지 한 번에 이어서 봉합하고, 소맷부리를 정리한다 → p.49
7 몸판의 밑단을 정리한다 → 밑단의 시접을 1.5cm 폭으로 두 번 접어 상침한다
8 뒤트임에 단춧구멍을 만들고 단추를 단다

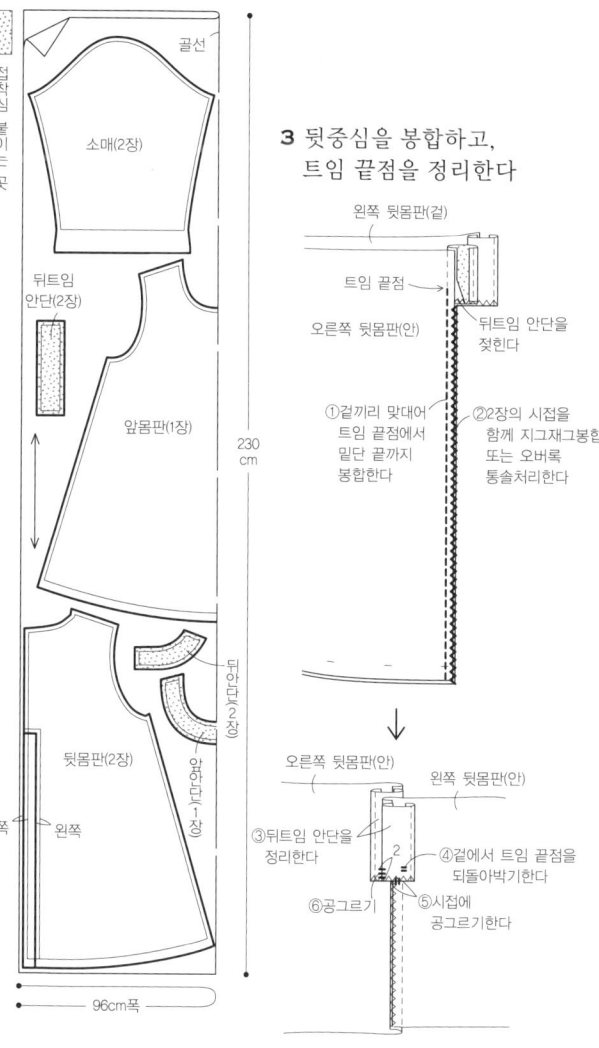

3 뒷중심을 봉합하고, 트임 끝점을 정리한다

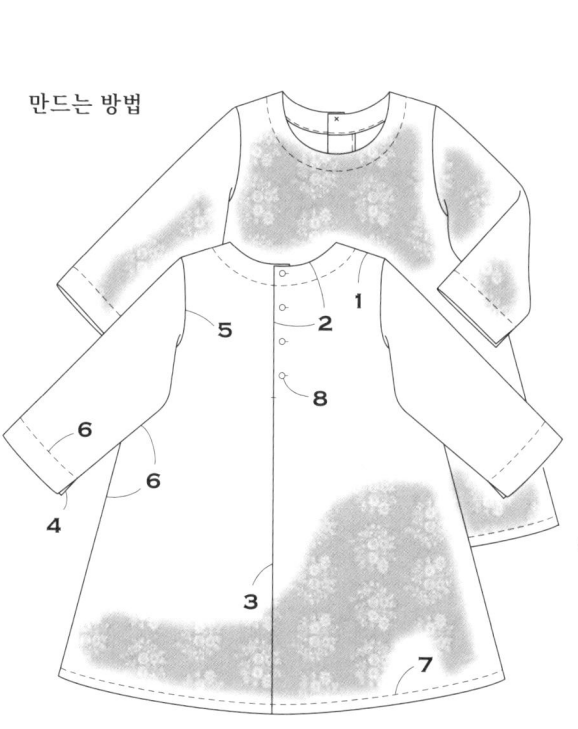

만드는 방법

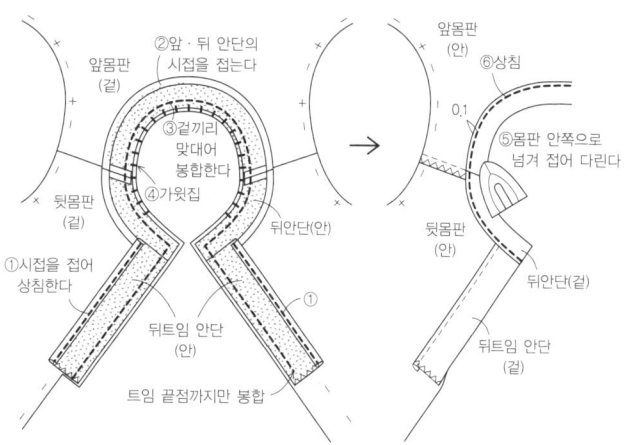

2 몸판에 안단과 뒤트임 안단을 봉합한다

SECTION III P.12 6 카슈쾨르 원피스

+ **실물크기 패턴(3면 E)**
   E앞몸판, E뒷몸판, E앞스커트, E뒷스커트, E요크, E소매, E칼라, E주머니
+ **완성 사이즈 (M~L 사이즈)**
   가슴둘레 109cm 옷길이 108.5cm 소매길이 31.5cm

재료
겉감 아이리시 린넨……114cm폭×330cm
접착심……90cm폭×50cm

준비
앞몸판의 앞여밈 시접, 칼라의 안쪽면에 접착심을 붙인다
스커트와 주머니의 옆선 시접, 소맷부리 시접에 지그재그봉제
또는 오버록 처리한다

만드는 방법
1 끈을 만든다 → 그림
2 몸판의 앞여밈을 정리한다
   → 앞여밈의 시접을 1cm 폭으로 두 번 접어 상침한다
3 뒷몸판과 요크를 봉합한다 → 그림
4 칼라를 만들어 단다 → 그림
5 몸판의 옆선을 봉합한다 → 왼쪽 옆선에 옆끈을 끼우고 앞·뒷몸판을 겉끼리 맞대어 봉합한 다음, 2장의 시접을 함께 지그재그봉합 또는 오버록 통솔 처리하고 뒷몸판 쪽으로 넘겨 상침한다
6 소매를 만든다 → 소매 아래를 봉합하고 2장의 시접을 함께 지그재그봉합 또는 오버록 통솔처리하여 뒤쪽으로 넘긴 다음, 소맷부리의 시접을 2cm 폭으로 접어 상침한다
7 소매를 단다 → 몸판과 소매를 겉끼리 맞대어 봉합하고, 2장의 시접을 함께 지그재그봉합 또는 오버록 통솔처리하여 소매 쪽으로 넘긴다
8 스커트의 옆선을 봉합하고, 주머니를 만든다 → 그림
9 스커트의 밑단과 앞여밈을 정리한다 → 밑단 시접을 2cm 폭으로 두 번 접어 상침한 다음, 앞여밈 시접을 1cm 폭으로 두 번 접어 상침한다
10 몸판과 스커트를 봉합한다 → 스커트에 주름을 잡아 몸판과 겉끼리 맞대어 봉합하고 2장의 시접을 함께 지그재그봉합 또는 오버록 통솔처리한 다음, 몸판 쪽으로 넘겨 상침한다
11 끈을 단다 → 오른쪽 옆선 안쪽의 시접에 옆끈을 고정봉합하고,
   앞끈은 좌우 모두 허리선의 앞끝 안쪽에
   각각 6cm씩 겹쳐서 고정봉합한다

재단 배치도

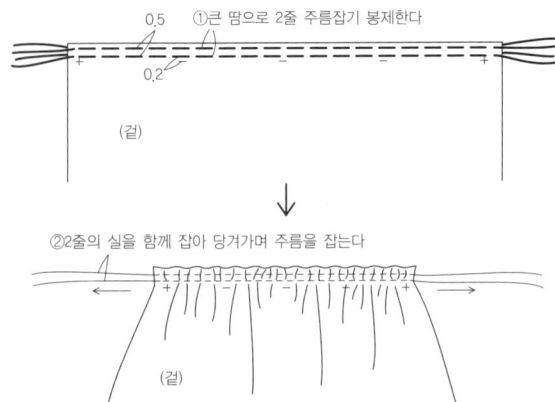

[주름 잡는 방법]

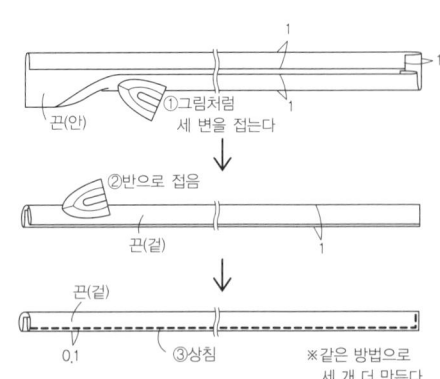

1 끈을 만든다

만드는 방법

4
3
3
7
2
10
11
5
6
8
1
9

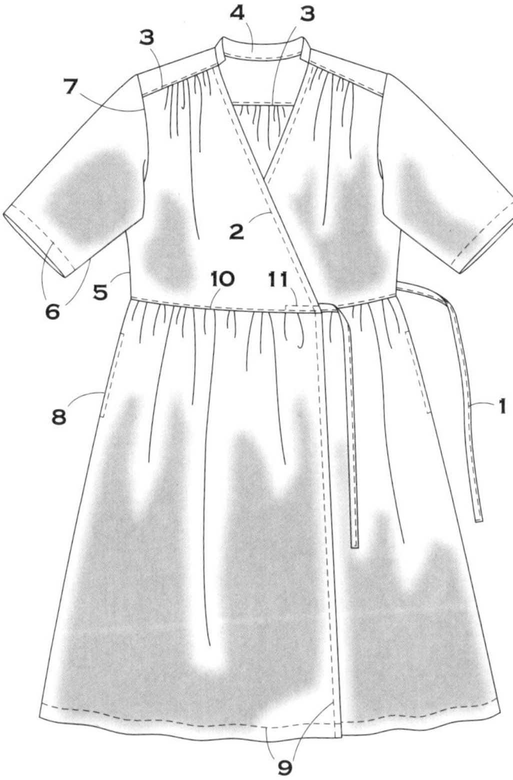

3 뒷몸판과 요크를 봉합한다

②2장의 요크를 겉끼리 맞닿게 놓고, 사이에 뒷몸판을 끼워 봉합한다
①뒷몸판에 주름을 잡는다 (앞몸판 어깨도 주름을 잡아둔다)
겉요크(안)
안요크 (겉)
뒷몸판(겉)
뒷몸판(안)
안요크(겉)
⑤겉요크 쪽에서 상침한다
④안요크의 시접을 접어 ③의 봉합선 위로 덮는다
겉요크 (안)
③겉요크와 앞몸판을 겉끼리 맞대어 봉합한다
앞몸판(안)
0.1
0.1

4 칼라를 만들어 단다

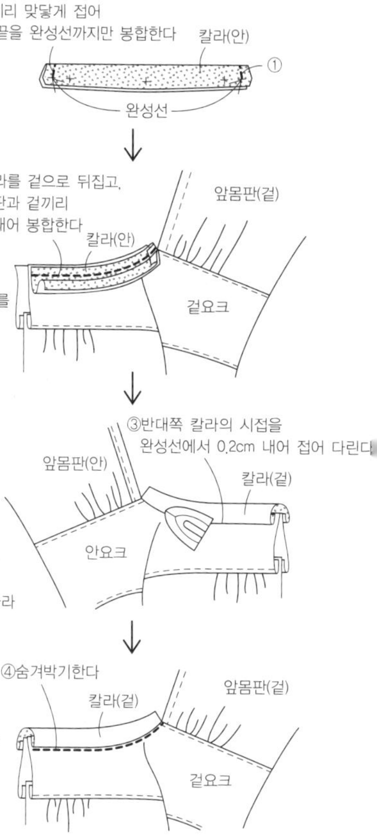

①겉끼리 맞닿게 접어 양 끝을 완성선까지만 봉합한다
칼라(안)
①
완성선
②칼라를 겉으로 뒤집고, 몸판과 겉끼리 맞대어 봉합한다
칼라(안)
앞몸판(겉)
겉요크
③반대쪽 칼라의 시접을 완성선에서 0.2cm 내어 접어 다린다
앞몸판(안)
칼라(겉)
안요크
④숨겨박기한다
칼라(겉)
앞몸판(겉)
겉요크

8 스커트의 옆선을 봉합하고, 주머니를 만든다

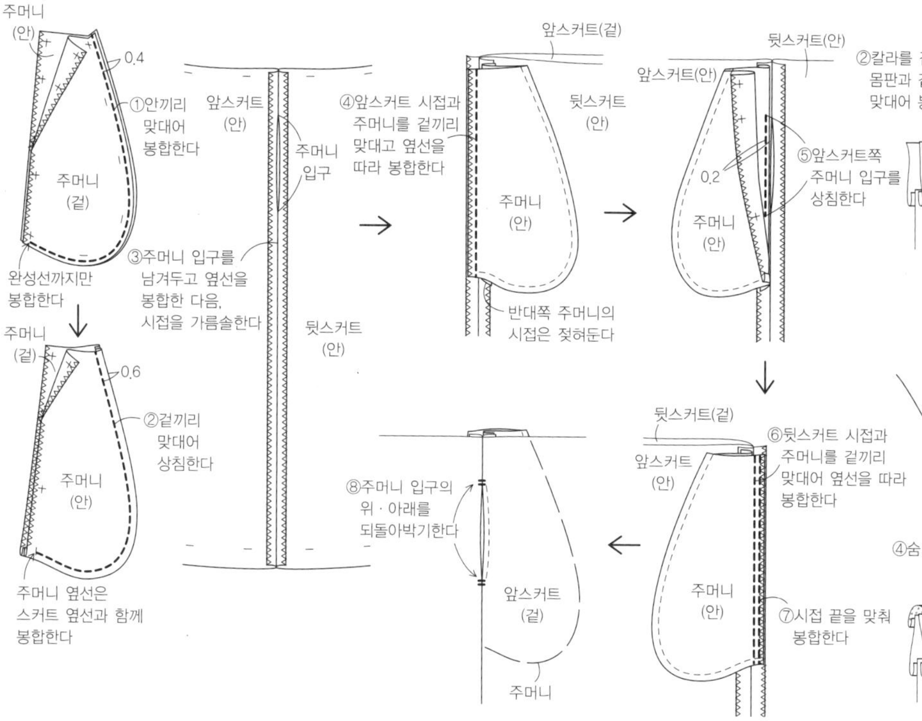

주머니 (안)
0.4
①안끼리 맞대어 봉합한다
주머니 (겉)
완성선까지만 봉합한다
주머니 (겉)
0.6
②겉끼리 맞대어 상침한다
주머니 (안)
주머니 옆선은 스커트 옆선과 함께 봉합한다
앞스커트 (안)
주머니 입구
③주머니 입구를 남겨두고 옆선을 봉합한 다음, 시접을 가름솔한다
뒷스커트 (안)
앞스커트(겉)
④앞스커트 시접과 주머니를 겉끼리 맞대고 옆선을 따라 봉합한다
뒷스커트 (안)
주머니 (안)
반대쪽 주머니의 시접은 젖혀둔다
뒷스커트(안)
앞스커트(안)
0.2
⑤앞스커트쪽 주머니 입구를 상침한다
주머니 (안)
뒷스커트(겉)
앞스커트 (안)
⑥뒷스커트 시접과 주머니를 겉끼리 맞대어 옆선을 따라 봉합한다
주머니 (안)
⑦시접 끝을 맞춰 봉합한다
⑧주머니 입구의 위 · 아래를 되돌아박기한다
앞스커트 (겉)
주머니

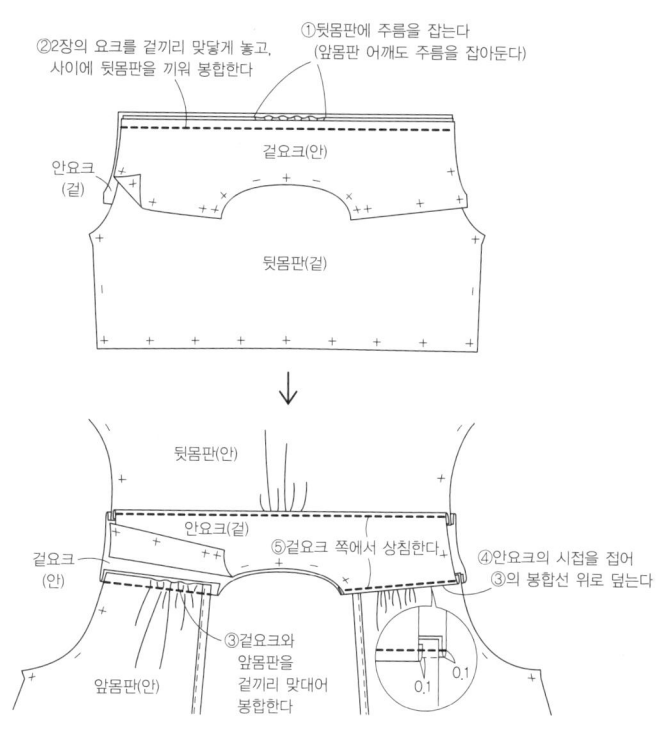

IV P.18 7 요크 블라우스

+ **실물크기 패턴(1면 F)**
  F앞몸판・뒷요크, F뒷몸판, F소매
+ **완성 사이즈 (M~ML 사이즈)**
  가슴둘레 110cm 뒷중심길이 81cm 소매길이 56cm

재료
겉감 워시 가공 린넨……112cm폭×150cm

만드는 방법
1 앞몸판에 이어져 있는 뒷요크의 뒷중심을 겉끼리 맞대어 봉합한다.
  시접은 2장 함께 지그재그봉합 또는 오버록 통솔처리한 다음,
  오른쪽 몸판 쪽으로 넘겨 상침한다
2 목둘레를 정리한다
  → 시접을 0.5cm 폭으로 두 번 접어 상침한다
  (앞중심의 곡선 부분은 시접을 늘려서 두 번 접는다)
3 뒷몸판과 뒷요크를 봉합한다
  → 뒷몸판과 뒷요크의 요크중심선을 겉끼리 맞대어 봉합하고
  2장의 시접을 함께 지그재그봉합 또는 오버록 통솔처리한 다음,
  요크 쪽으로 넘겨 상침한다
4 몸판의 옆선을 봉합한다 → 몸판을 겉끼리 맞대어 봉합하고
  시접은 2장 함께 지그재그봉합 또는 오버록 통솔처리한 다음,
  뒷몸판 쪽으로 넘겨 상침한다
5 몸판의 밑단을 정리한다 → 시접을 0.5cm 폭으로 두 번 접어 상침한다
6 소매를 만든다 → 소매 아래를 봉합하고 2장의 시접을 함께 지그재그봉합
  또는 오버록 통솔처리하여 뒤쪽으로 넘긴 다음, 소맷부리의 시접을 1.7cm
  폭으로 두 번 접어 상침한다
7 소매를 단다 → 몸판과 소매를 겉끼리 맞대어 봉합하고 시접은 2장 함께
  지그재그봉합 또는 오버록 통솔처리하여 소매 쪽으로 넘긴다

재단 배치도

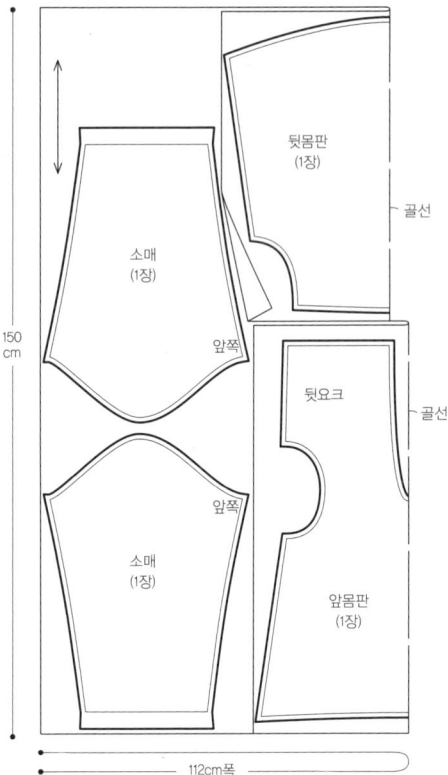

만드는 방법

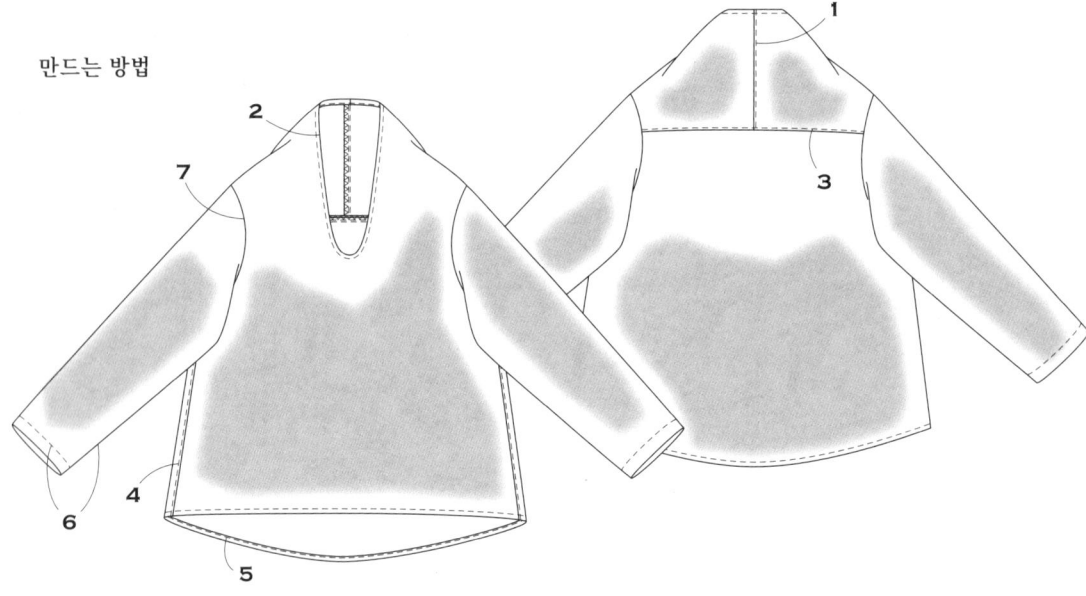

SECTION IV

P.19 8 민소매 블라우스

+ 실물크기 패턴(4면 G)
  G앞몸판, G뒷몸판, G요크, G앞안단, G칼라, G칼라 받침
+ 완성 사이즈 (M~L 사이즈)
  가슴둘레 157cm 옷길이 88cm

재료
겉감 워시 가공 코튼 브로드……114cm폭×220cm
접착심……90cm폭×90cm
단추……지름 1.3cm 9개

준비
앞안단, 칼라 받침, 안칼라의 안쪽면에 접착심을 붙인다

만드는 방법
1 앞몸판에 앞안단을 단다 → 그림
2 앞·뒷몸판의 위 끝에 주름을 잡는다 → p.54
3 요크를 단다 → 앞·뒷몸판과 요크를 겉끼리 맞대어 봉합하고 시접은 2장 함께 지그재그봉합 또는 오버록 통솔처리한 다음, 요크 쪽으로 넘겨 상침한다
4 칼라를 만든다 → p.49 (단, 칼라는 상침을 하지 않는다)
5 칼라를 단다 → p.49
6 소매둘레를 바이어스천으로 감싸 봉합한다 → 그림
7 몸판의 옆선을 봉합한다 → 몸판을 겉끼리 맞대어 봉합하고, 시접은 2장 함께 지그재그봉합 또는 오버록 통솔처리한 다음, 뒷몸판 쪽으로 넘겨 상침한다
8 몸판의 밑단을 정리한다 → 밑단 시접을 0.9cm 폭으로 두 번 접어 상침한다
9 단춧구멍을 만들고 단추를 단다
  (칼라 받침의 단춧구멍은 가로로, 그 외에는 세로로 만든다)

만드는 방법

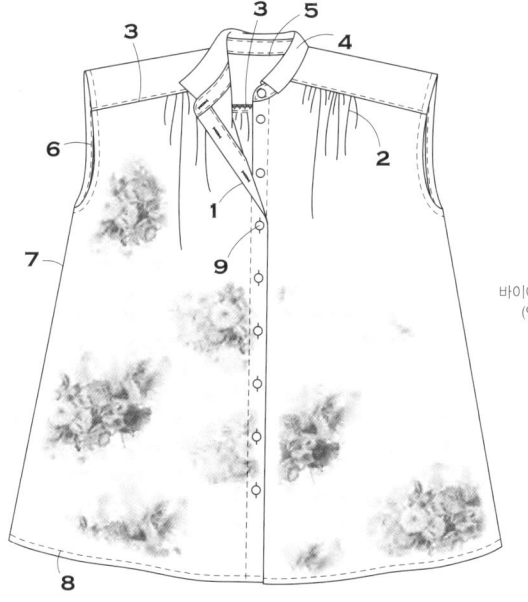

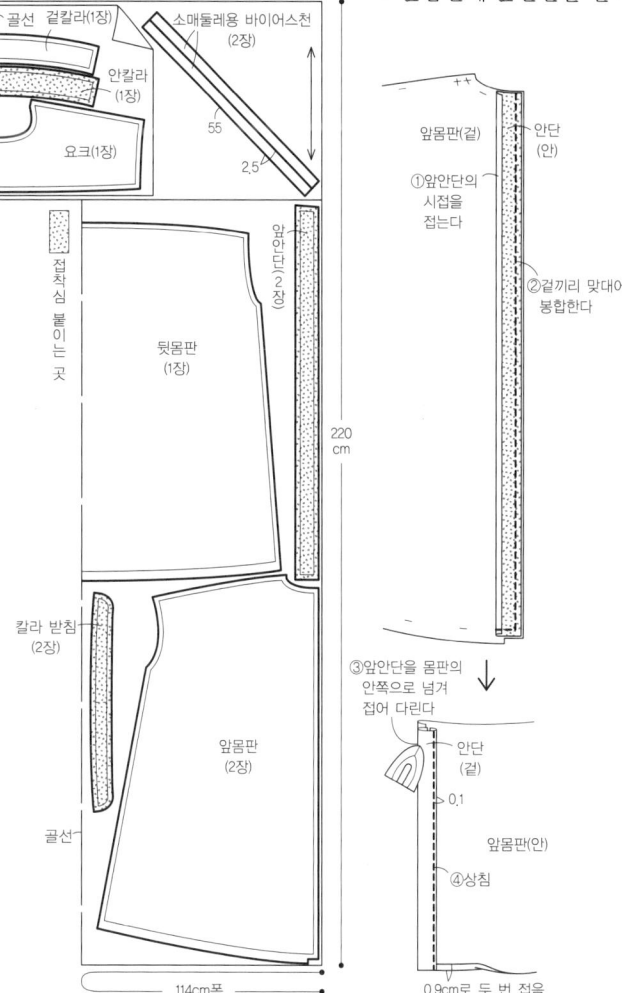

6 소매둘레를 바이어스천으로 감싸 봉합한다

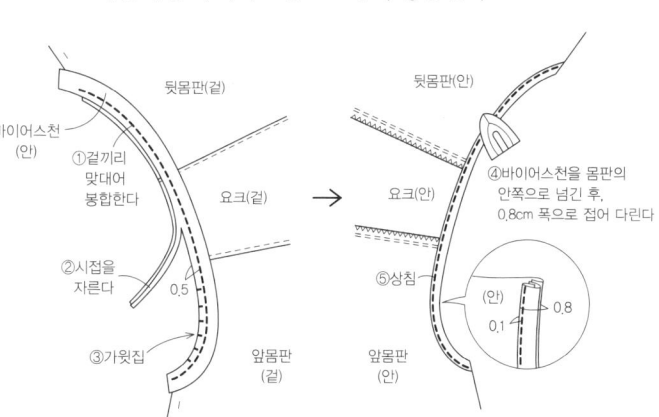

SECTION IV P.20 9 래글런 블라우스

- **실물크기 패턴(3면 H)**
  H앞몸판, H뒷몸판, H앞소매, H뒷소매, H커프스, H칼라
- **완성 사이즈 (M~L 사이즈)**
  가슴둘레 105cm 옷길이 55.5cm 소매길이 약 60cm

재료
겉감 코튼 포플린……112cm폭×160cm
접착심……90cm폭×55cm
단추……지름 1.8~2.2cm 5개

준비
앞여밈, 커프스, 안칼라의 안쪽면에 접착심을 붙인다

만드는 방법
1. 앞소매의 다트를 봉합한다.
   시접은 위쪽으로 넘겨 상침한다
2. 앞소매와 뒷소매를 맞춰 봉합한다.
   시접은 2장 함께 지그재그봉합 또는 오버록 통솔처리한 다음,
   앞소매 쪽으로 넘겨 2줄 상침한다
3. 소매를 단다 → 앞·뒷몸판과 소매를 각각 맞춰 봉합하고
   시접은 2장 함께 지그재그봉합 또는 오버록 통솔처리한 다음,
   각각 몸판 쪽으로 넘겨 2줄 상침한다
4. 소매 아래에서 옆선까지 한 번에 이어서 봉합한다.
   시접은 2장 함께 지그재그봉합 또는 오버록 통솔처리한 다음,
   뒷몸판 쪽으로 넘겨 상침한다
5. 앞여밈과 밑단을 정리한다 → 그림
6. 소맷부리에 주름을 잡고 커프스를 단다 → 그림
7. 칼라를 만든다 → 칼라 2장을 겉끼리 맞대어 바깥둘레를 봉합한 다음(이때, 양 옆선은 완성선 까지만 봉합한다), 겉으로 뒤집어 정리하고 칼라의 양 끝을 상침한다(위치는 실물크기 패턴을 참고)
8. 칼라를 단다 → p.49
9. 단춧구멍을 만들고 단추를 단다

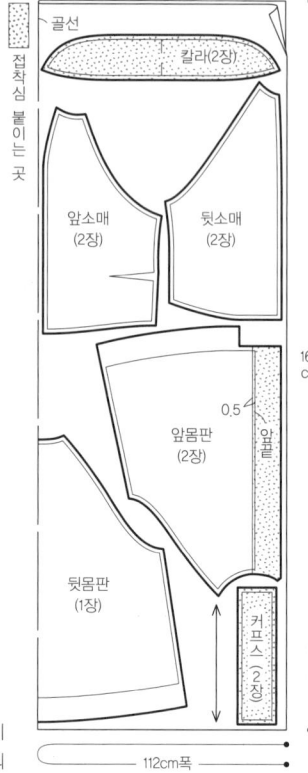

재단 배치도

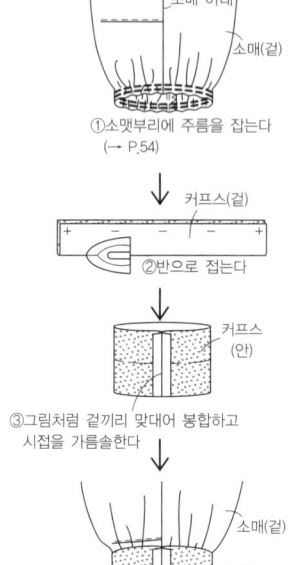

6 소맷부리에 주름을 잡고 커프스를 단다

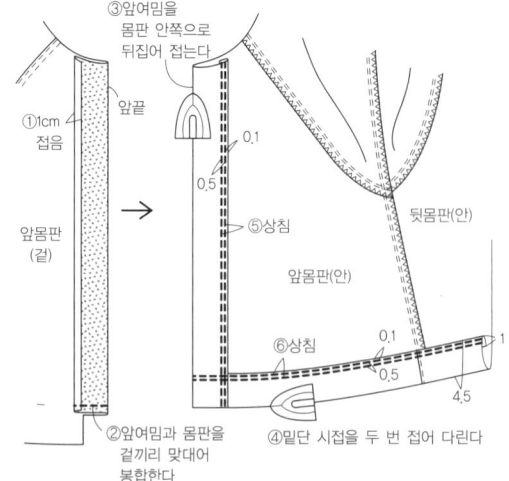

5 앞여밈과 밑단을 정리한다

SECTION V P.28 12 튜닉 원피스

+ 실물크기 패턴(1면 J)
  J앞몸판, J뒷몸판, J앞요크, J뒷요크, J트임 덧단, J소매, J소맷부리 안단
+ 완성 사이즈 (M~L 사이즈)
  가슴둘레 130cm 옷길이 100cm 소매길이 40cm

재료
겉감 린넨……112cm폭×280cm
접착심……20×50cm
단추 싸개단추……지름 1.1cm 8개

준비
트임 덧단의 안쪽면에 접착심을 붙인다.

만드는 방법
1 뒷장식천의 한쪽 끝을 1cm 접고, 1cm 폭으로 세 번 접어 상침한다
2 뒷몸판에 주름을 잡고(→ p.54) 뒷요크와 맞춰 봉합한다.
  시접은 2장 함께 지그재그봉합 또는 오버록 통솔처리한 다음,
  뒷요크 쪽으로 넘겨 상침한다
3 앞몸판에 턱을 접고, 앞요크와 맞춰 봉합한다.
  시접은 2장 함께 지그재그봉합 또는 오버록 통솔처리한 다음,
  앞요크 쪽으로 넘겨 상침한다
4 앞몸판에 트임을 만든다 → p.78
5 몸판의 밑단을 정리한다
  → 앞·뒤밑단의 시접을 0.5cm 폭으로 두 번 접어 상침한다
6 앞몸판과 뒷요크를 맞춰 어깨를 봉합한다. 시접은 2장 함께 지그재그봉합
  또는 오버록 통솔처리한 다음, 뒷요크 쪽으로 넘겨 상침한다
7 목둘레를 바이어스 처리한다(→ p.65).
  이때, 뒷중심에 뒷장식천을 끼워 함께 봉합한다
8 소매를 단다 → 몸판의 소매둘레에 소매를 겉끼리 맞대어 봉합하고 시접을 2
  장 함께 지그재그봉합 또는 오버록 통솔처리한 다음, 몸판 쪽으로 넘겨 상침
  한다
9 소매 아래에서 옆선의 트임 끝점까지 한 번에 이어서 봉합한다.
  시접은 2장 함께 지그재그봉합 또는 오버록 통솔처리하여 뒷몸판 쪽으로
  넘겨 상침하고, 뒷몸판의 트임 끝점 아래 시접은 두 번 접어 상침한다
10 소매와 소맷부리 안단을 봉합한다 → 그림
11 단춧구멍을 만들고, 단추를 단다(단춧구멍은 세로로 만든다)

10 소매와 소맷부리 안단을 봉합한다

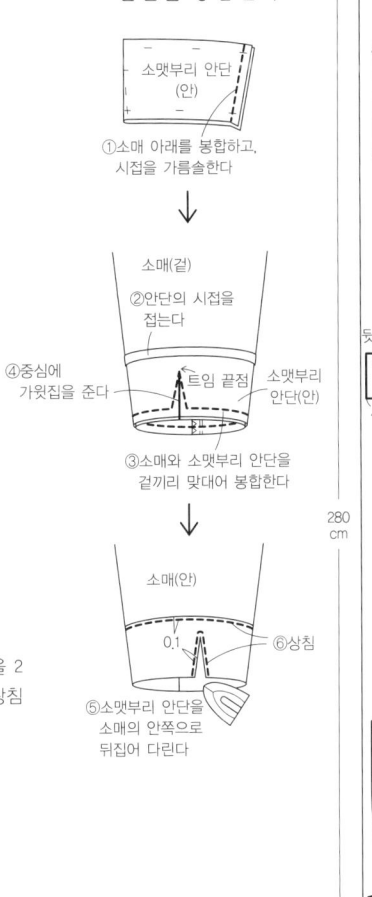

재단 배치도

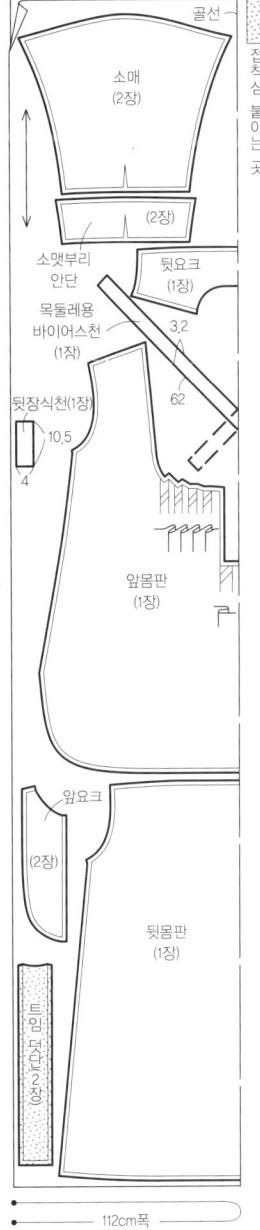

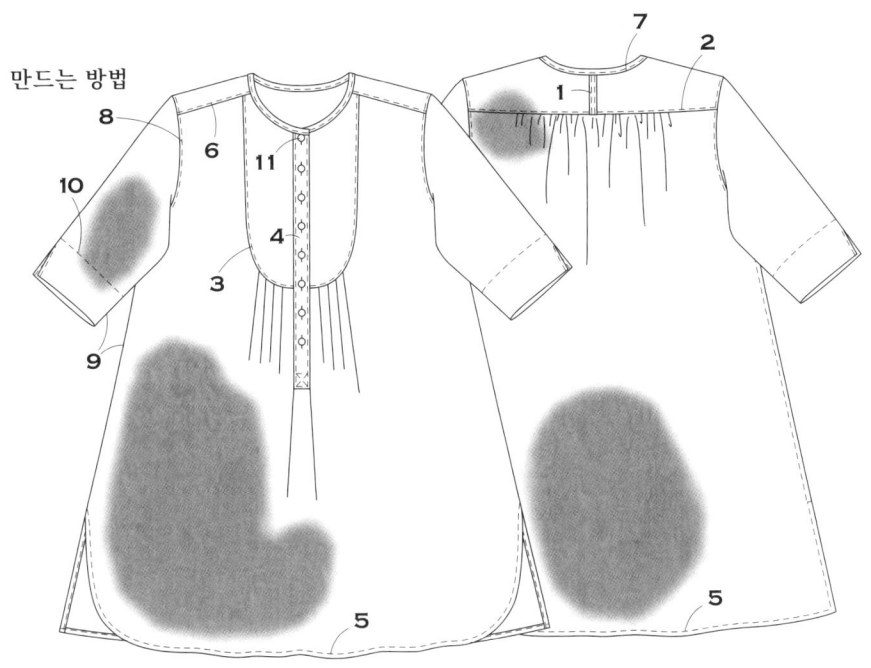

SECTION V P.26 10 원피스 에이프런

+ **패턴 제도**
  제도의 치수를 참고하여 패턴을 직접 그려 사용합니다.
  제도에는 시접이 포함되어 있지 않기 때문에,
  원단을 재단할 때에는 재단 배치도를 참고로 시접을 더해 재단해주세요.
+ **완성 사이즈 (M~L 사이즈)**
  가슴둘레 113cm 옷길이(어깨에서 밑단까지) 82cm

재료
겉감 얇은 린넨……110cm폭×160cm
단추……지름 1.3cm 2개
고무줄……0.6cm폭×250cm

준비
뒷몸판의 뒷중심 트임 끝점에서 밑단까지와 앞·뒤몸판의
어깨, 옆선을 지그재그봉제 또는 오버록 처리한다.

만드는 방법
1 뒷몸판의 뒷중심을 봉합하고, 트임을 만든다 → 그림
2 앞·뒤몸판의 어깨를 겉끼리 맞대어 봉합하고, 시접을 가름솔한다
3 목둘레에 안단을 봉합하고, 앞목둘레에 고무줄을 통과시킨다 → 그림
4 몸판의 옆선을 봉합하고, 시접을 가름솔한다
5 소매둘레에 안단을 봉합한다.
  목둘레 안단과 같은 방법으로 봉합하되,
  옆선에 고무줄 통로 입구를 남겨두고 봉합한다
6 주머니를 만들어 단다 → 그림
7 몸판의 밑단을 정리한다 → 그림
8 소매둘레에 고무줄을 통과시킨다
  → 소매둘레 안단의 고무줄 통로 입구에 62cm의 고무줄을
  통과시키고, 고무줄 끝은 2cm 겹쳐 고정봉합한다
9 끈고리 위치에 맞춰 오른쪽 뒷몸판에 단추를 단다

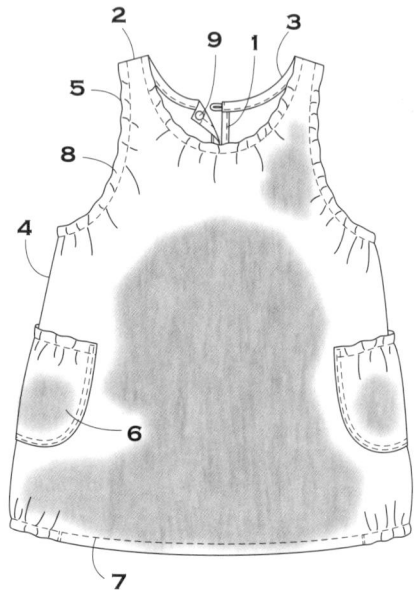

만드는 방법

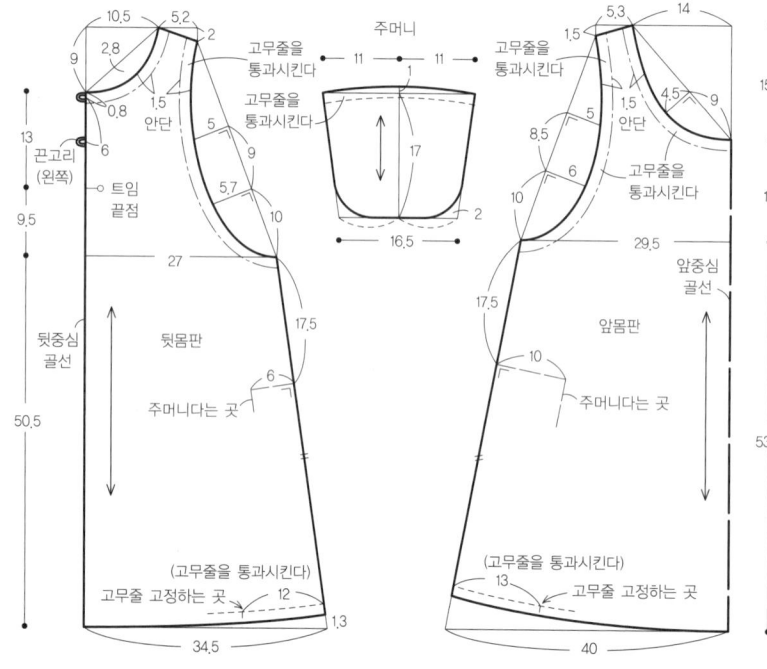

제도

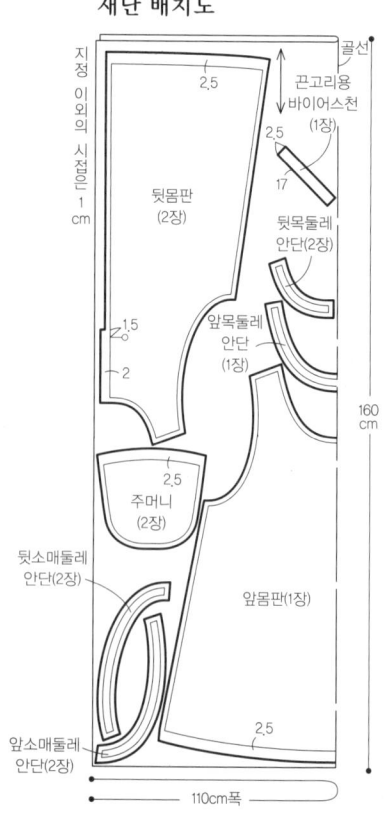

재단 배치도

1 뒷몸판의 뒷중심을 봉합하고, 트임을 만든다

3 목둘레에 안단을 봉합하고, 앞목둘레에 고무줄을 통과시킨다

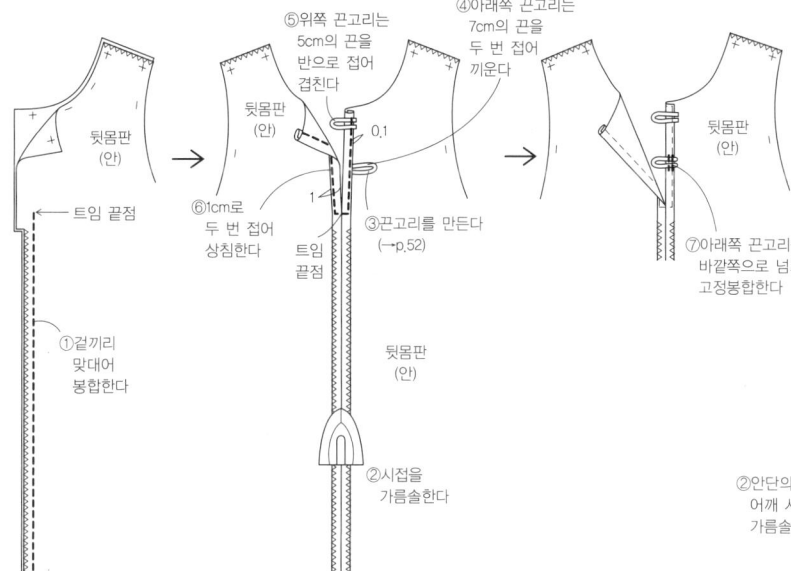

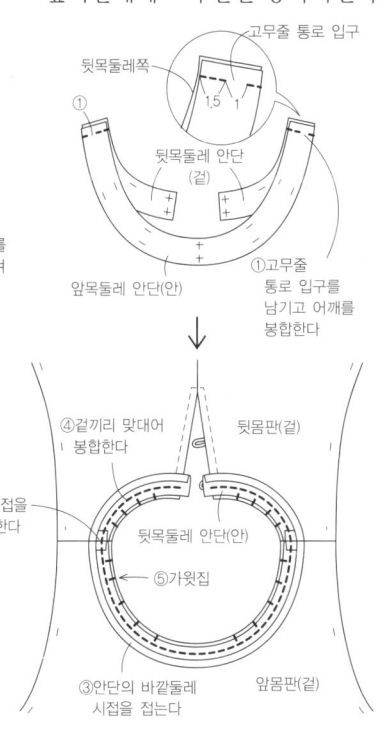

6 주머니를 만들어 단다

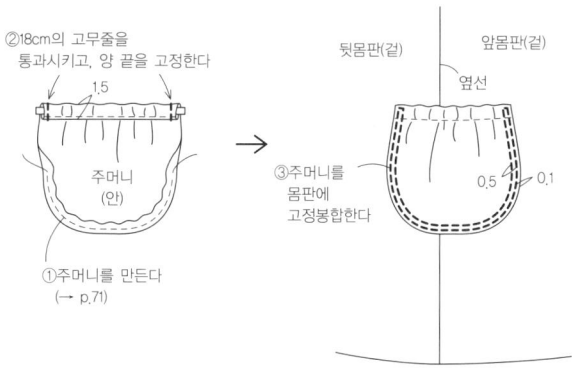

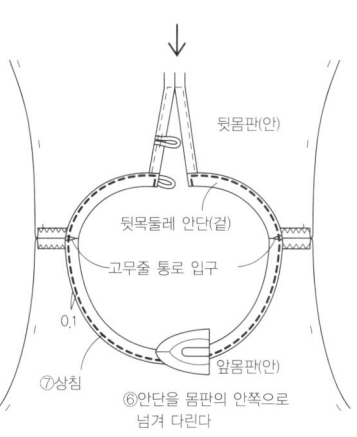

7 몸판의 밑단을 정리한다

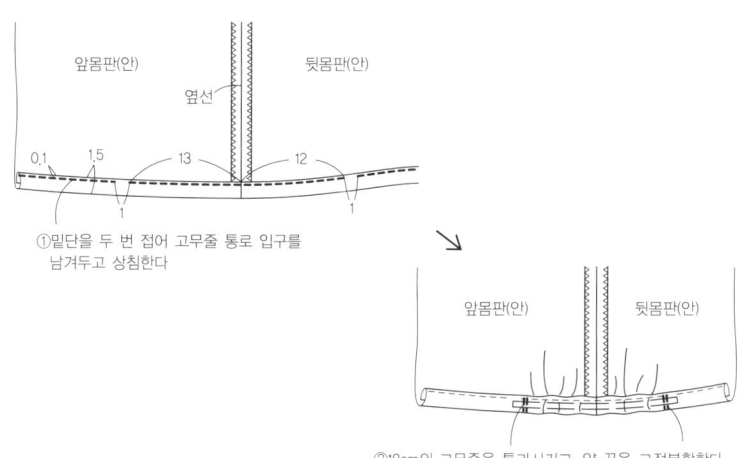

IV P.27 11 원피스

- **실물크기 패턴(2면 I)**
  I앞몸판, I뒷몸판, I소매, I앞요크, I뒷요크, I어깨 요크, I뒤안단

- **완성 사이즈 (M~L 사이즈)**
  가슴둘레 104cm 옷길이 95.5cm 소매길이 약 64cm

재료
겉감 얇은 코튼……110cm폭×240cm
레이스A 린넨(요크용)……7.5cm폭×130cm
레이스B……1cm폭×180cm
접착심……20×50cm
단추……지름 1.3cm 6개

준비
뒤안단의 안쪽면에 접착심을 붙이고,
아래쪽 끝 시접을 지그재그봉제 또는 오버록 처리한다

만드는 방법
1. 앞·뒤몸판의 턱을 접어 봉합한다 → 그림
2. 앞몸판의 다트를 봉합하고 시접은 위쪽으로 넘긴다
3. 소매에 주름을 잡고 몸판과 맞춰 봉합한다 → 그림
4. 레이스A로 요크를 만든다 → 그림
5. 몸판과 소매에 레이스B와 요크를 단다 → 그림
6. 뒤트임을 만든다 → 그림
7. 소매 아래에서 옆선까지 한 번에 이어서 봉합한다.
   시접은 2장 함께 지그재그봉합 또는 오버록 통솔처리한 다음,
   뒤쪽으로 넘겨 상침한다
8. 몸판의 밑단을 정리한다 → 밑단 시접을 2cm 폭으로 두 번 접어 상침한다
9. 소맷부리를 정리한다 → 소맷부리 시접을 2cm 폭으로 두 번 접어 상침한 다음,
   소맷부리에 레이스B를 상침한다
10. 단춧구멍을 만들고 단추를 단다

재단 배치도

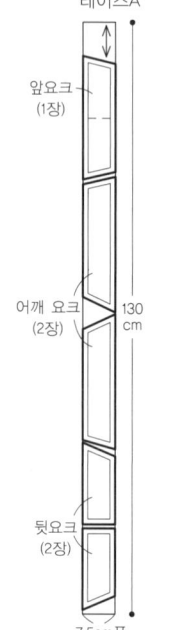
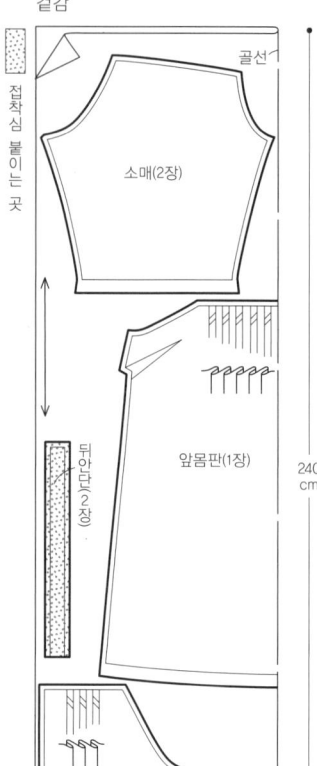

만드는 방법

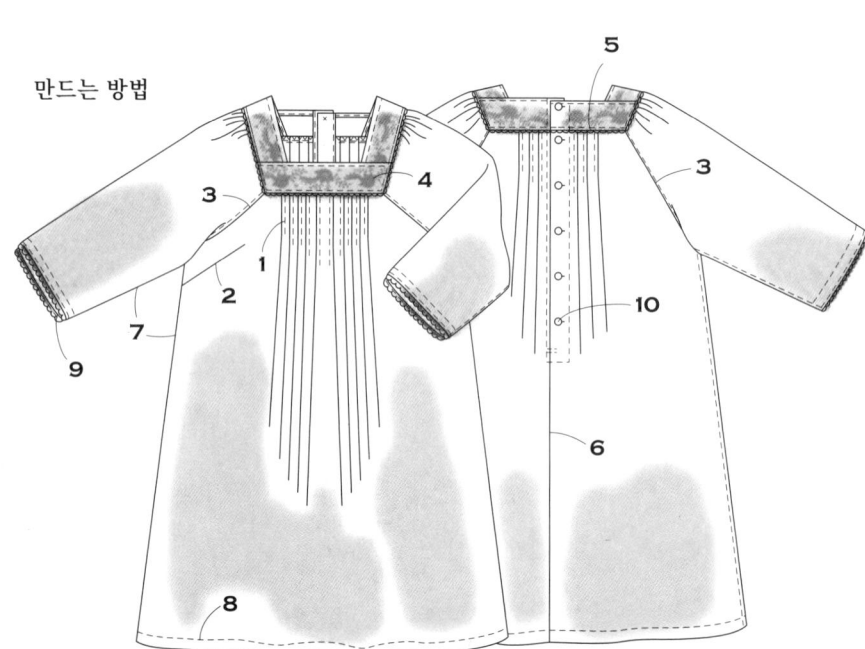

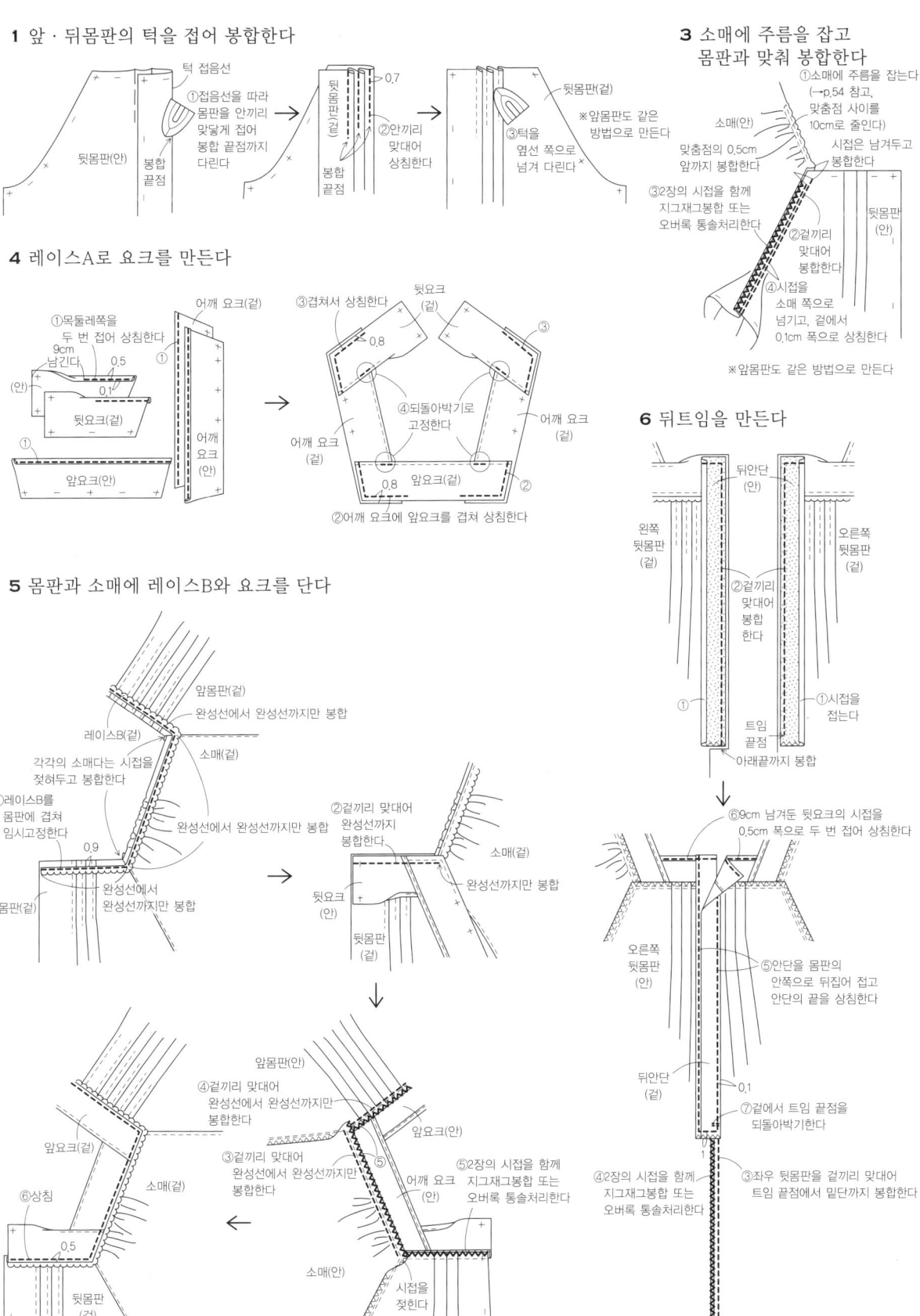

V P.30 13 블라우스 에이프런

+ 패턴 제도
제도의 치수를 참고하여 패턴을 직접 그려 사용합니다.
제도에는 시접이 포함되어 있지 않기 때문에
원단을 재단할 때는 재단 배치도를 참고로 시접을 더해 재단해주세요.

+ 완성 사이즈 (M~L 사이즈)
가슴둘레 121cm 옷길이 70.5cm 소매길이 약 44.5cm

재료
겉감 코튼 레이스……102cm폭×200cm
단추……지름 1.3cm 1개

준비
위뒷몸판의 뒷중심 시접을 지그재그봉제 또는 오버록 처리한다

만드는 방법
1 위뒷몸판의 뒷중심을 봉합하고, 트임을 만든다 → 그림
2 어깨를 봉합한다 → 앞·뒤몸판의 어깨를 겉끼리 맞대어 봉합하고
  시접은 2장 함께 지그재그봉합 또는 오버록 통솔처리하여 뒷몸판 쪽으로 넘긴다
3 목둘레를 바이어스 처리한다 → 그림
4 소맷부리에 소맷부리천을 단다 → 그림
5 주머니를 만들어 몸판에 단다 → p.71
6 위·아래몸판을 각각 맞춰 봉합한다
  → 아래앞·뒤몸판에 주름을 잡고(→ p.54), 위앞·뒤몸판과 겉끼리 맞대어 봉합한다.
  시접은 2장 함께 지그재그봉합 또는 오버록 통솔처리한 다음, 윗몸판 쪽으로 넘겨 상침한다
7 소매 아래에서 옆선까지 한 번에 이어서 봉합한다
  → 앞·뒤몸판의 소매 아래와 옆선을 겉끼리 맞대어 소맷부리에서 몸판의 밑단까지 한 번에
  이어서 봉합한다
  시접은 2장 함께 지그재그봉합 또는 오버록 통솔처리하고, 뒷몸판 쪽으로 넘긴다
8 몸판의 밑단을 정리한다 → 밑단 시접을 1.5cm 폭으로 두 번 접어 상침한다
9 끈고리 위치에 맞춰 왼쪽 뒷몸판에 단추를 단다

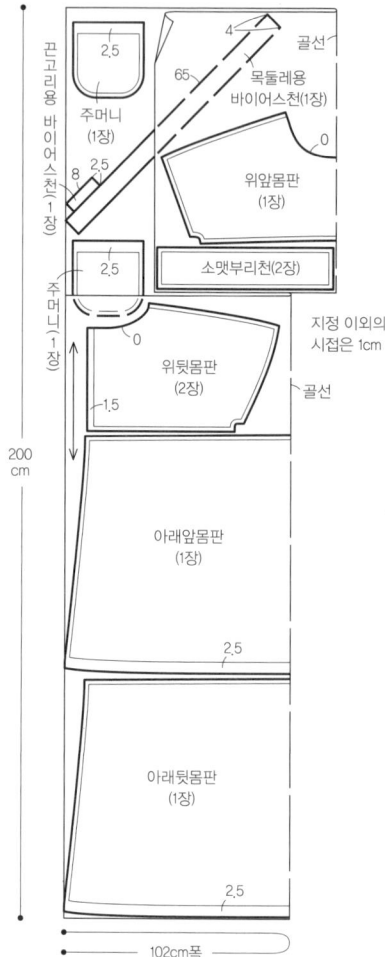

재단 배치도

제도

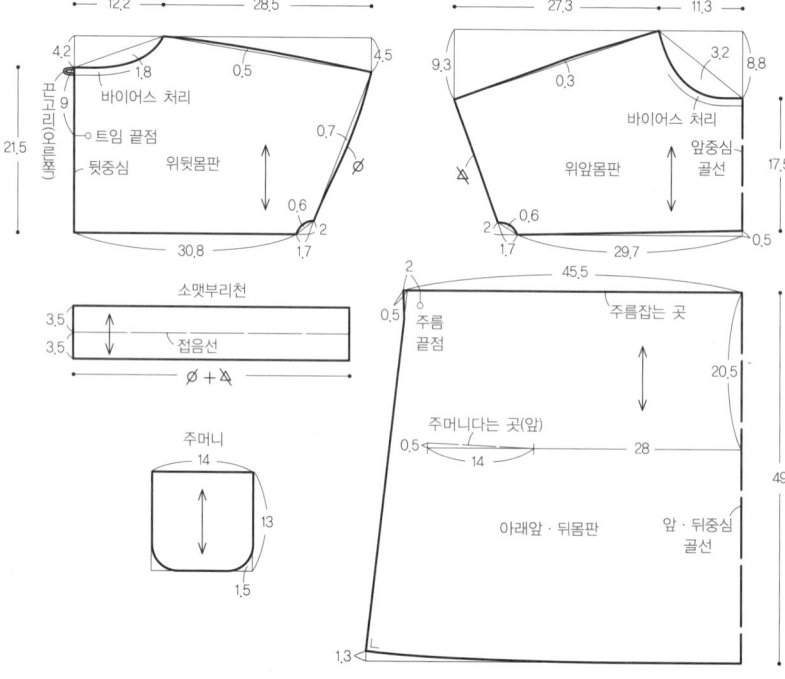

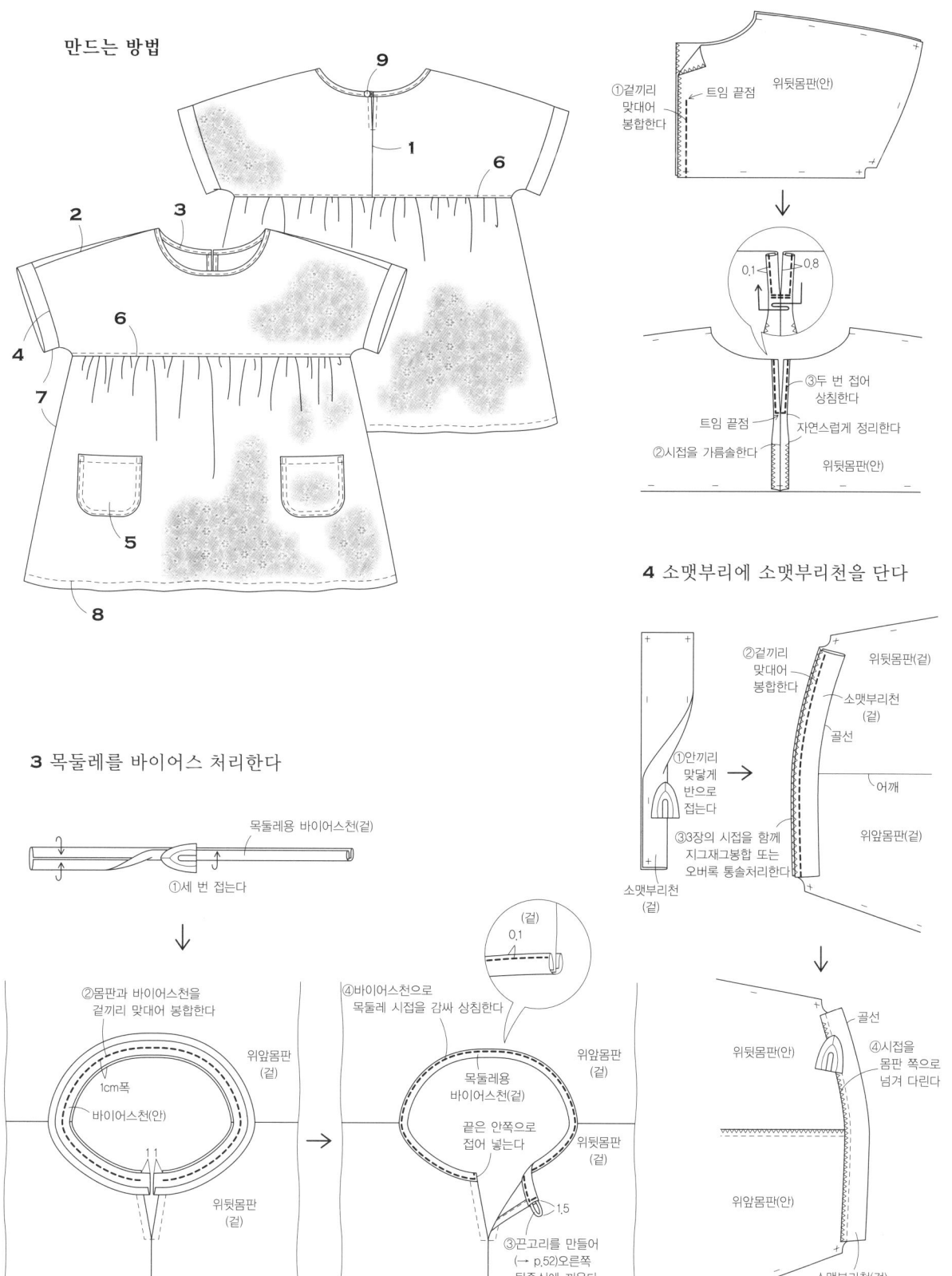

SECTION V P.31 14 캐미솔 에이프런

+ **패턴 제도**
  제도의 치수를 참고하여 패턴을 직접 그려 사용합니다.
  제도에는 시접이 포함되어 있지 않기 때문에
  원단을 재단할 때는 재단 배치도를 참고로 시접을 더해 재단해주세요.
+ **완성 사이즈 (M~L 사이즈)**
  가슴둘레 약 98cm 옷길이(어깨에서 밑단까지) 80cm

재료
겉감 얇은 린넨……110cm폭×140cm

준비
옆선의 시접을 지그재그봉제 또는 오버록 처리한다

만드는 방법
1. 주머니를 만들어 몸판에 단다
   → 주머니 입구의 시접을 2cm 폭으로 두 번 접어 상침한 다음 주머니 입구를 제외한 세 변의 시접을 접고, 아래앞몸판에 얹어 2줄 상침으로 고정한다
2. 위앞몸판을 만든다 → 그림
3. 아래앞몸판에 주름을 잡고(→ p.54), 위앞몸판과 맞춰 봉합한다.
   시접은 2장 함께 지그재그봉합 또는 오버록 통솔처리하여 위앞몸판 쪽으로 넘긴다
4. 뒤끝을 정리한다 → 시접을 1cm 폭으로 두 번 접어 상침한다
5. 뒷목둘레를 바이어스 처리하며 허리끈을 만든다 → 그림
6. 소매둘레를 바이어스 처리하며 어깨끈을 만든다 → 그림
7. 몸판의 옆선을 봉합하고 시접을 가름솔한 다음, 소매둘레 시접에 고정봉합한다
8. 몸판의 밑단을 정리한다 → 밑단 시접을 1cm 폭으로 두 번 접어 상침한다

재단 배치도

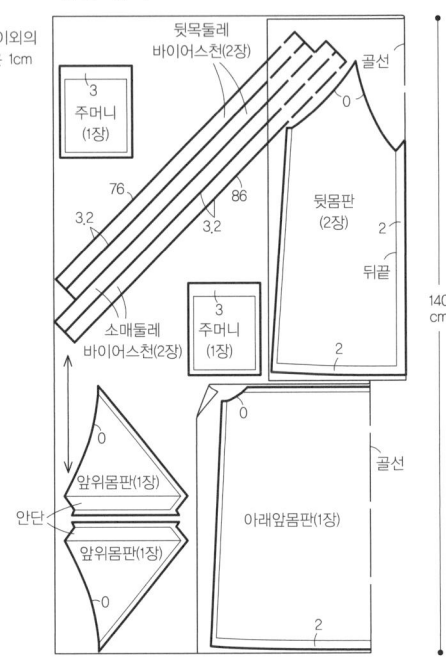

제도

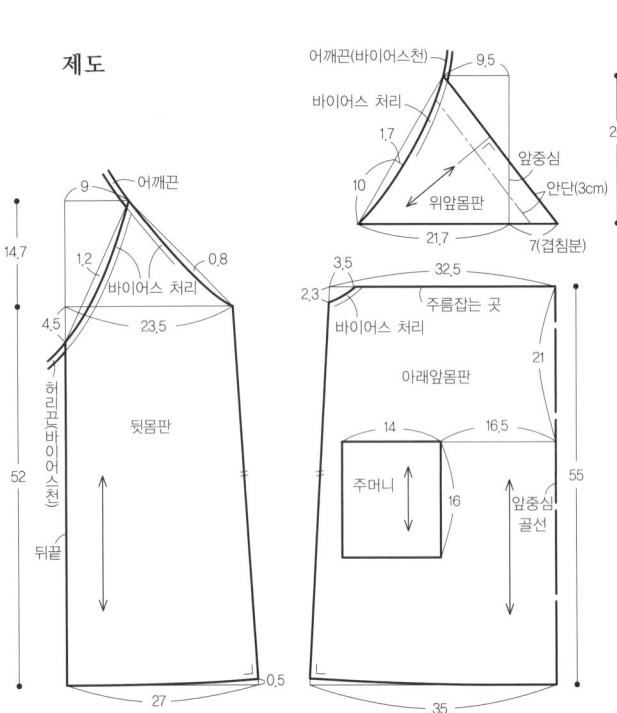

2 위앞몸판을 만든다

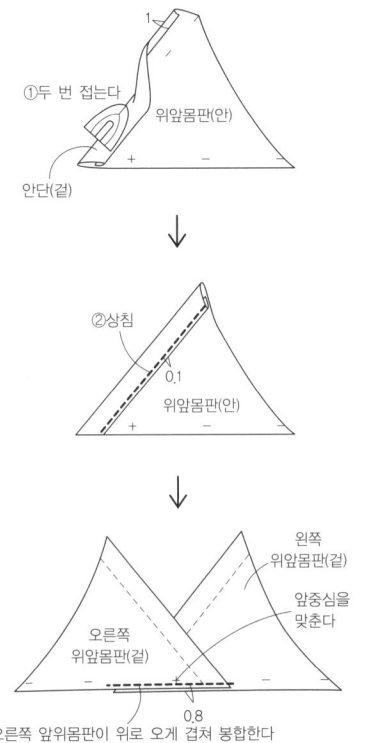

만드는 방법

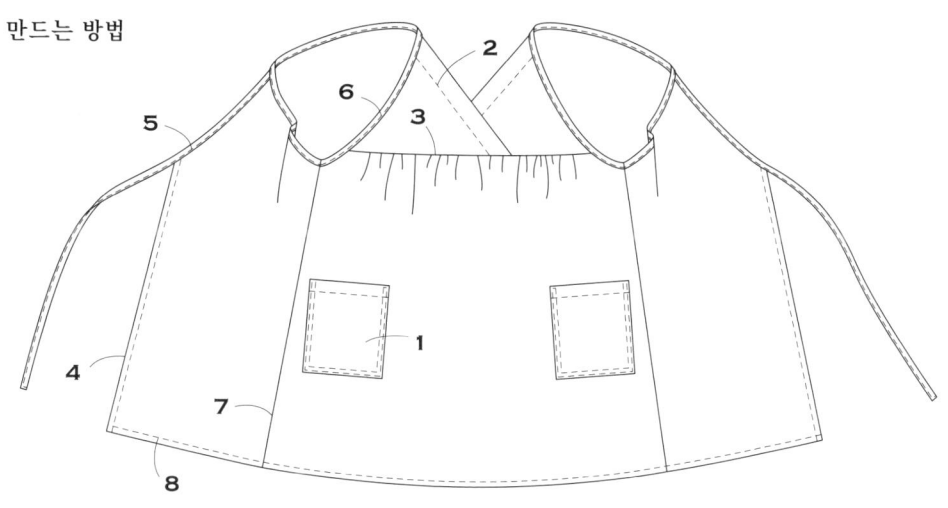

5 뒷목둘레를 바이어스 처리하며 허리끈을 만든다

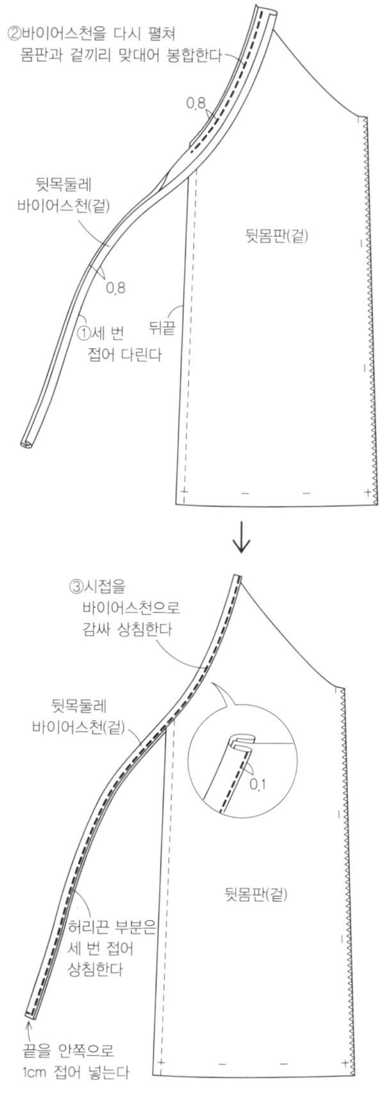

①세 번 접어 다린다
0.8
뒷목둘레 바이어스천(겉)
0.8
②바이어스천을 다시 펼쳐 몸판과 겉끼리 맞대어 봉합한다
뒤끝
뒷몸판(겉)

↓

③시접을 바이어스천으로 감싸 상침한다
뒷목둘레 바이어스천(겉)
0.1
뒷몸판(겉)
허리끈 부분은 세 번 접어 상침한다
끝을 안쪽으로 1cm 접어 넣는다

6 소매둘레를 바이어스 처리하며 어깨끈을 만든다

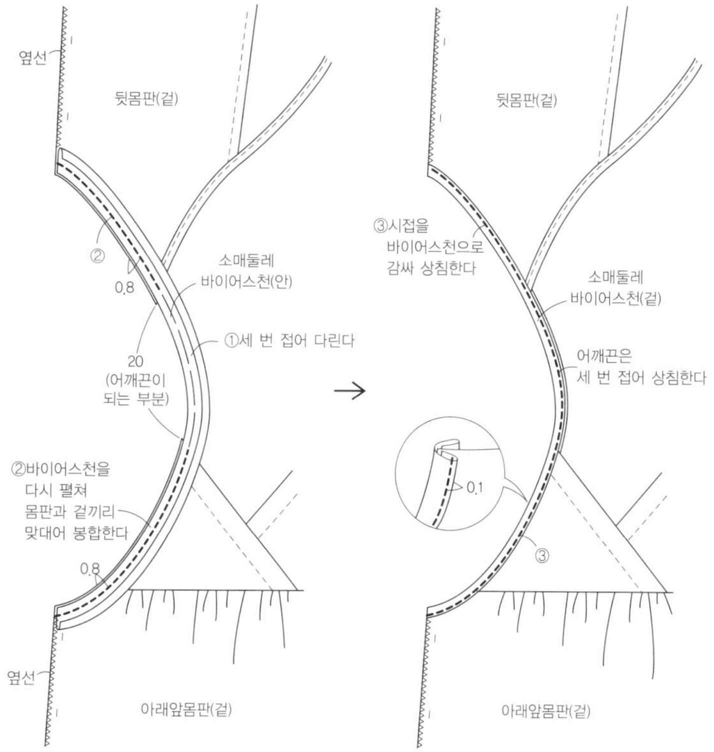

옆선
뒷몸판(겉)
②
0.8
소매둘레 바이어스천(안)
20 (어깨끈이 되는 부분)
①세 번 접어 다린다
②바이어스천을 다시 펼쳐 몸판과 겉끼리 맞대어 봉합한다
0.8
옆선
아래앞몸판(겉)

→

뒷몸판(겉)
③시접을 바이어스천으로 감싸 상침한다
소매둘레 바이어스천(겉)
어깨끈은 세 번 접어 상침한다
0.1
③
아래앞몸판(겉)

VI P.33 15 볼레로&원피스

+ **실물크기 패턴** (볼레로는 2면 K, 원피스는 3면 L)
  - 볼레로 …… K앞몸판, K뒷몸판, K소매, K칼라, K앞안단, K뒤안단,
    K앞밑단 안단, K주머니
  - 원피스 …… L앞·뒤몸판, L앞·뒤스커트,
    L앞·뒤안단, L앞·뒤소매둘레 안단,
    L주머니

+ **완성 사이즈** (M~ML 사이즈)
  - 볼레로 …… 가슴둘레 105cm 옷길이 45.5cm 소매길이 40cm
  - 원피스 …… 가슴둘레 98cm 옷길이(어깨에서 밑단까지) 110cm

재료
- 겉감 코튼 린넨 레이스……110cm폭×390cm
- 접착심……90cm폭×70cm
- 단추……지름 1.5cm 3개

볼레로 준비
앞안단, 안칼라의 안쪽면에 접착심을 붙인다.
앞·뒷몸판의 어깨와 옆선, 뒷몸판의 밑단, 소매 아래와 소맷부리,
앞밑단 안단의 위끝 시접을 지그재그봉제 또는 오버록 처리한다.

볼레로 만드는 방법
1. 앞·뒷몸판의 어깨를 겉끼리 맞대어 봉합하고 시접을 가름솔한다
2. 칼라를 만든다 → 2장을 겉끼리 맞대어 칼라의 바깥둘레를 봉합하고,
   겉으로 뒤집어 정리한다
3. 몸판에 안단과 칼라를 단다 → 그림
4. 몸판의 옆선을 봉합한다 → 앞·뒷몸판을 겉끼리 맞대어 옆선에서
   앞밑단 안단까지 한 번에 이어서 봉합하고, 시접을 가름솔한다
5. 주머니를 만들어 단다 → p.71
6. 소매를 만든다 → 소매 아래를 봉합하여 시접을 가름솔하고,
   소맷부리 시접은 2.2cm 폭으로 두 번 접어 상침한다
7. 소매를 몸판에 단다 → 몸판과 소매를 겉끼리 맞대어 봉합하고
   시접은 2장 함께 지그재그봉합 또는 오버록 통솔처리하여
   소매 쪽으로 넘긴다
8. 밑단을 공그르기한다
9. 단춧구멍을 만들고 단추를 단다

원피스 준비
앞·뒤안단의 안쪽면에 접착심을 붙인다.
몸판과 스커트의 옆선, 주머니의 옆선과 밑단,
소매둘레 안단의 바깥둘레 시접을 지그재그봉제 또는 오버록 처리한다.

원피스 만드는 방법
1. 앞·뒷몸판의 어깨를 겉끼리 맞대어 봉합하고 시접을 가름솔한다
2. 목둘레, 소매둘레에 안단을 봉합한다 → 그림
3. 안단과 함께 몸판의 옆선을 봉합하고, 시접을 가름솔한다
4. 목둘레와 소매둘레를 상침한다
5. 스커트의 옆선을 봉합하고, 주머니를 만든다 → 그림
6. 밑단의 시접을 1.5cm 폭으로 두 번 접어 상침한다
7. 스커트의 허리선에 턱을 접고, 주름을 잡는다 → p.54
8. 몸판과 스커트를 겉끼리 맞대어 봉합한다
   시접은 2장 함께 지그재그봉합 또는 오버록 통솔처리한 다음,
   몸판 쪽으로 넘겨 상침한다

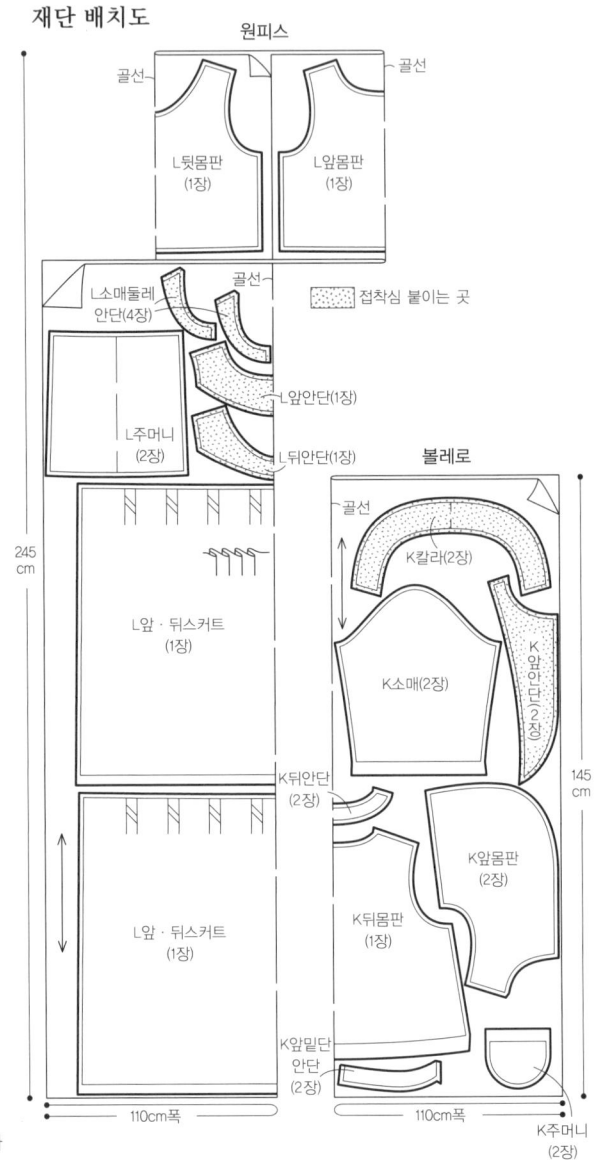

재단 배치도

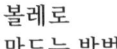

접착심 붙이는 곳

볼레로 만드는 방법

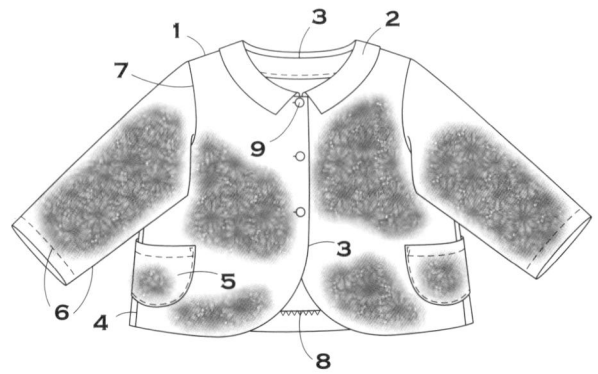

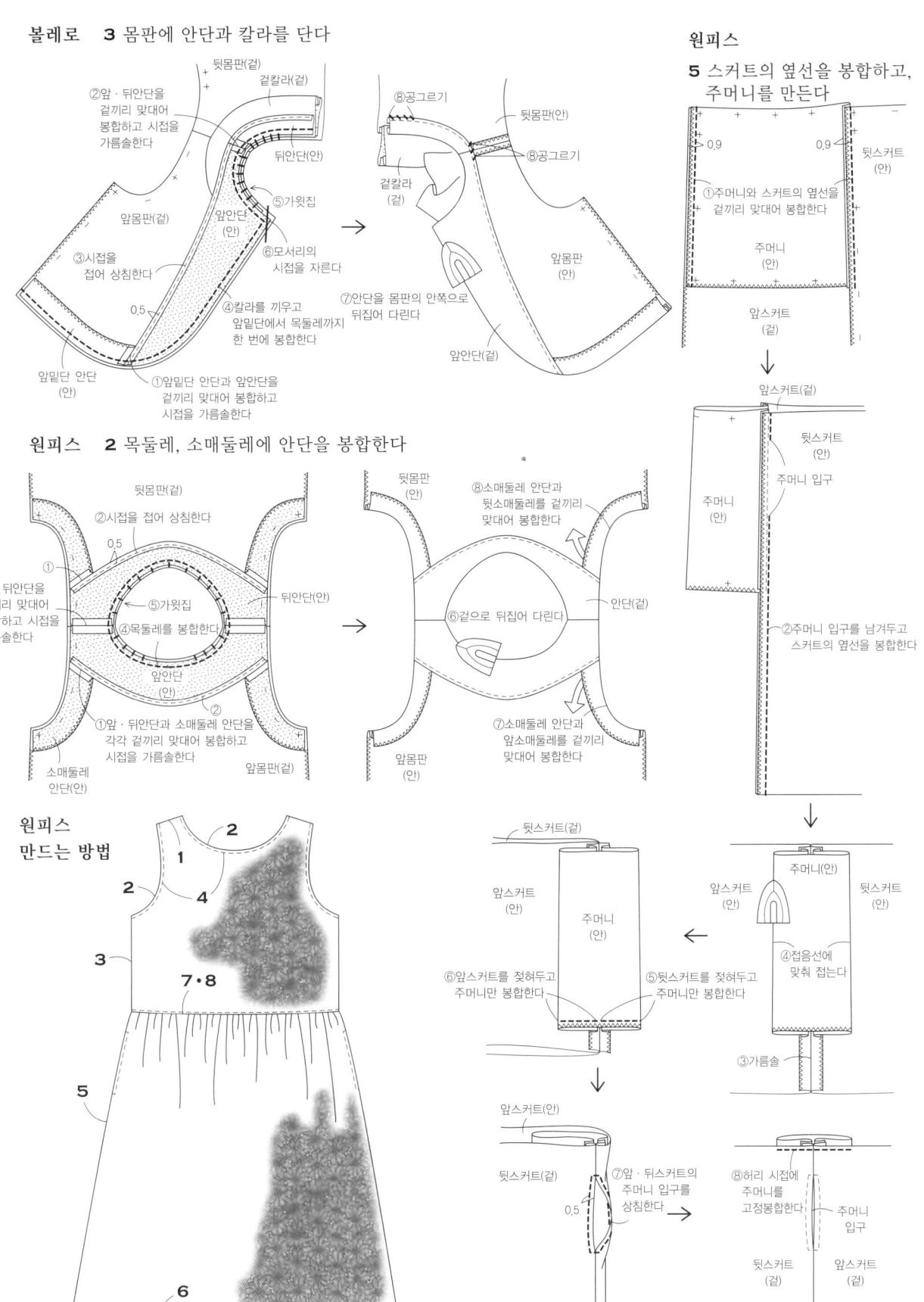

SECTION VII   P.36 16 세일러 칼라 블라우스

+ **실물크기 패턴(1면 M)**
  M앞몸판, M뒷몸판, M뒷요크, M소매, M칼라, M주머니
+ **완성 사이즈 (M~L 사이즈)**
  가슴둘레 128cm 옷길이 61cm 소매길이 약 78cm

재료
겉감　워시 가공 브로드……110cm폭×220cm
접착심……90cm폭×50cm

준비
안칼라의 안쪽면에 접착심을 붙인다
몸판의 옆선과 소매 아래의 시접을 지그재그봉제 또는 오버록 처리한다

만드는 방법
1 뒷몸판의 턱을 접고 뒷요크와 맞춰 봉합한다.
　시접은 2장 함께 지그재그봉합 또는 오버록 통솔처리한 다음,
　뒷요크 쪽으로 넘겨 상침한다
2 몸판의 밑단을 정리한다 → 시접을 1cm 폭으로 두 번 접어 상침한다
3 앞·뒷몸판의 어깨를 겉끼리 맞대어 봉합한다. 시접은 2장 함께
　지그재그봉합 또는 오버록 통솔처리한 다음, 뒷몸판 쪽으로 넘겨 상침한다
4 칼라를 만든다 → 그림
5 칼라를 단다 → 그림
6 소매를 단다 → 몸판의 소매둘레에 소매를 겉끼리 맞대어 봉합하고
　시접은 2장 함께 지그재그봉합 또는 오버록 통솔처리한 다음,
　몸판 쪽으로 넘겨 상침한다
7 소매 아래에서 옆선까지 한 번에 이어서 봉합하고, 트임을 정리한다 → 그림
8 소맷부리를 정리한다 → 소맷부리 시접을 2cm 폭으로 두 번 접어 상침한다
9 주머니를 만들어 몸판에 단다 → 그림

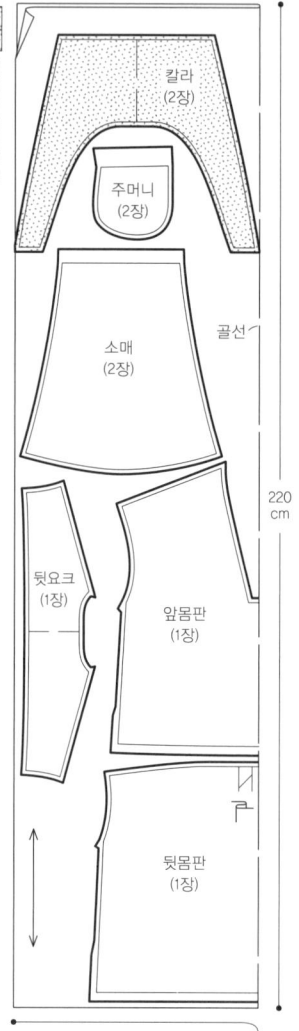

재단 배치도

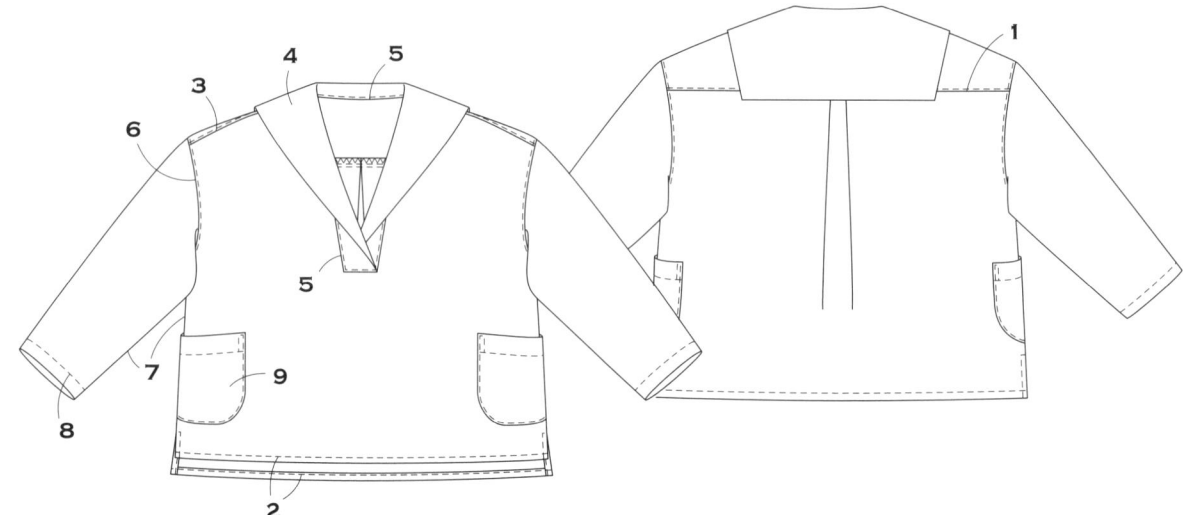

만드는 방법

4 칼라를 만든다

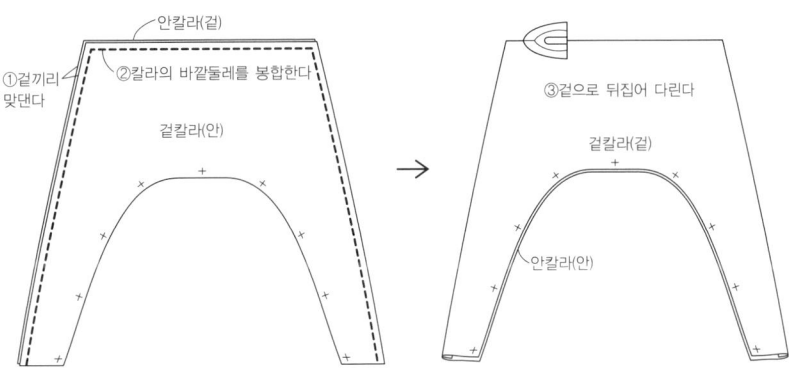

5 칼라를 단다

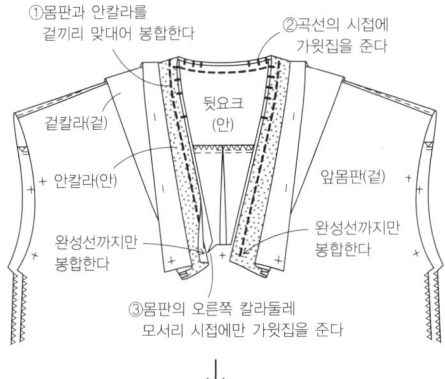

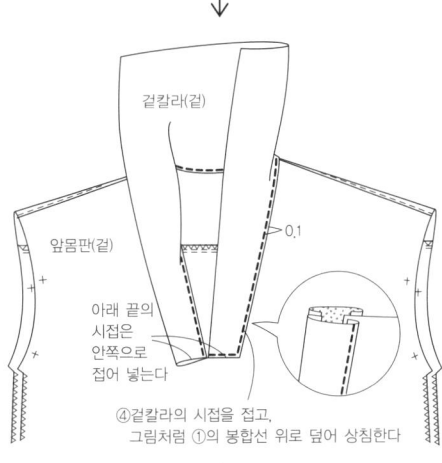

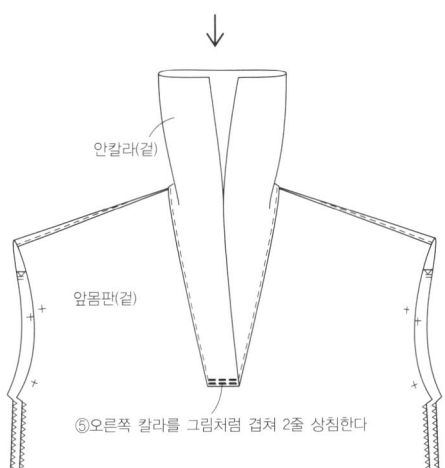

7 소매 아래에서 옆선까지 한 번에 이어서 봉합하고, 트임을 정리한다

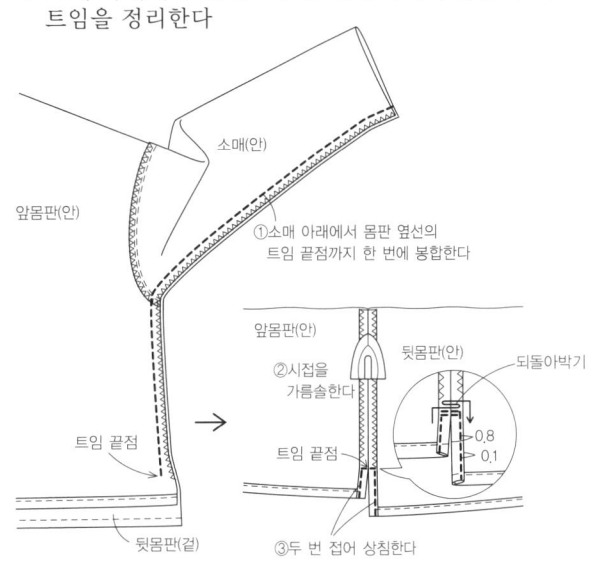

9 주머니를 만들어 몸판에 단다

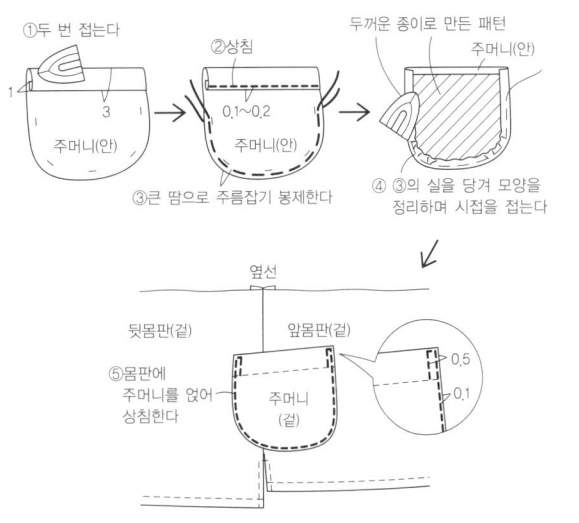

SECTION VII　P.38　17 후드 블라우스

+ **실물크기 패턴(1면 M)**
  M앞몸판, M뒷몸판, M뒷요크, M소매, M후드, M주머니
+ **완성 사이즈 (M~L 사이즈)**
  가슴둘레 128cm 옷길이 61cm 소매길이 약 78cm

재료
겉감　코튼 린넨……112cm폭×230cm

준비
앞·뒤몸판의 옆선, 소매 아래의 시접을 지그재그봉제 또는 오버록 처리한다

만드는 방법
1. 뒷몸판의 턱을 접고 뒷요크와 맞춰 봉합한다
   시접은 2장 함께 지그재그봉합 또는 오버록 통솔처리한 다음,
   뒷요크 쪽으로 넘겨 상침한다
2. 몸판의 밑단을 정리한다 → 시접은 1cm 폭으로 두 번 접어 상침한다
3. 어깨를 봉합한다 → 앞·뒤몸판의 어깨를 겉끼리 맞대어 봉합하고,
   시접은 2장 함께 지그재그봉합 또는 오버록 통솔처리한 다음,
   뒷요크 쪽으로 넘겨 상침한다
4. 후드를 만든다 → 그림
5. 후드를 단다 → p.71(**5** 칼라를 단다 과정 참고)
6. 소매를 몸판에 단다 → 몸판의 소매둘레에 소매를 걸끼리 맞대어
   봉합하고 시접은 2장 함께 지그재그봉합 또는 오버록 통솔처리한 다음,
   몸판 쪽으로 넘겨 상침한다
7. 소매 아래에서 몸판 옆선까지 한 번에 이어서 봉합하고,
   트임을 정리한다 → p.71
8. 소맷부리를 정리한다 → 소맷부리 시접을 2cm 폭으로 두 번 접어 상침한다
9. 주머니를 만들어 몸판에 단다 → p.71

재단 배치도

4 후드를 만든다

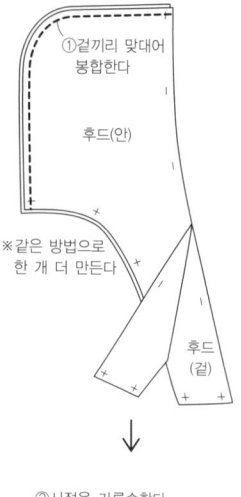

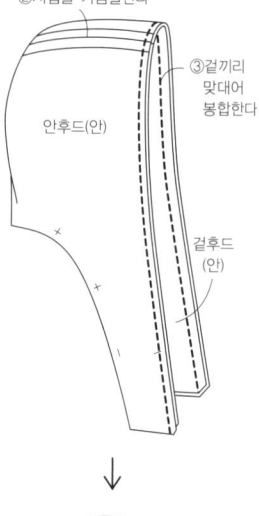

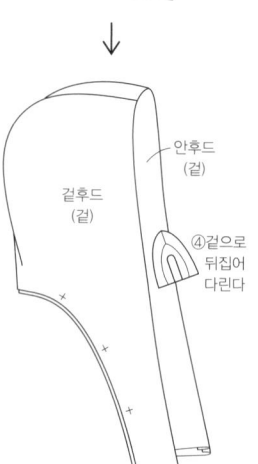

만드는 방법

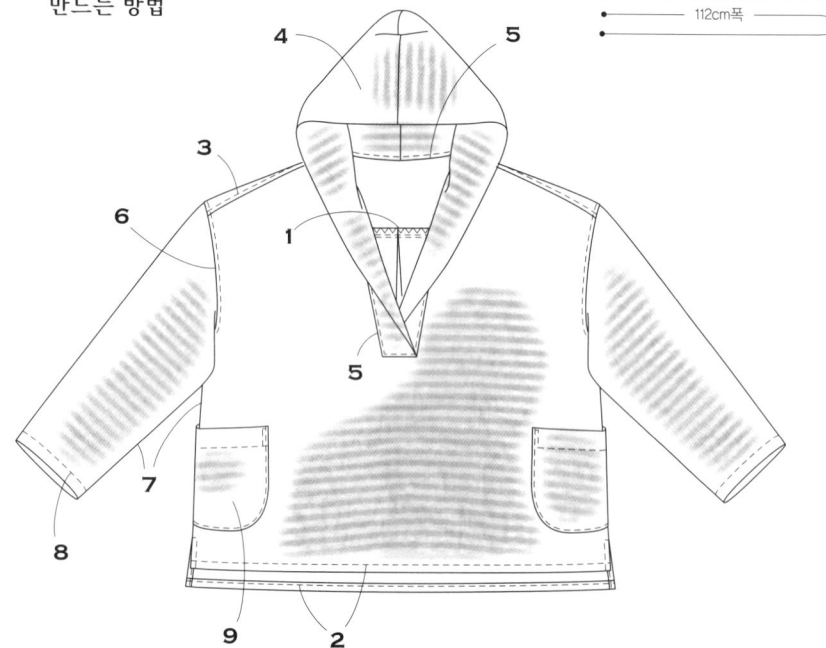

VII

P.38 18 배기 팬츠

+ 실물크기 패턴(3면 N)
  N앞팬츠, N뒤팬츠, N앞허리밴드, N뒤허리밴드
+ 완성 사이즈 (M~L 사이즈)
  엉덩이둘레 약 142cm 팬츠길이 97.5cm

재료
겉감   린넨……112cm폭×230cm
고무줄…… 3cm폭 적당량

만드는 방법
1. 팬츠의 옆선을 겉끼리 맞대어 봉합하고, 시접은 2장 함께 지그재그봉합 또는 오버록 통솔처리한 다음, 뒤팬츠 쪽으로 넘겨 상침한다
2. 밑아래를 봉합한다 → 앞·뒤팬츠를 겉끼리 맞대어 밑아래를 봉합한다
   시접은 2장 함께 지그재그봉합 또는 오버록 통솔처리하여 뒤팬츠 쪽으로 넘긴다
3. 밑단을 정리한다 → 밑단 시접을 3cm 폭으로 두 번 접어 상침한다
4. 밑위둘레를 봉합한다 →좌·우팬츠를 겉끼리 맞대어 밑위둘레를 봉합한다.
   시접은 2장 함께 지그재그봉합 또는 오버록 통솔처리한 다음, 왼쪽으로 넘겨 상침한다
5. 허리밴드를 만든다 → 앞·뒤허리밴드를 겉끼리 맞대어 양 옆선을 봉합한다.
   왼쪽 옆선은 안밴드 쪽에 고무줄 통로 입구를 3cm 남겨두고 봉합한 다음,
   시접을 가름솔한다
6. 허리밴드를 단다 → 그림
7. 허리밴드에 고무줄을 통과시킨다.
   고무줄의 길이는 몸에 맞춰 결정하고, 양쪽 끝은 2~3cm 겹쳐 고정봉합한다

재단 배치도

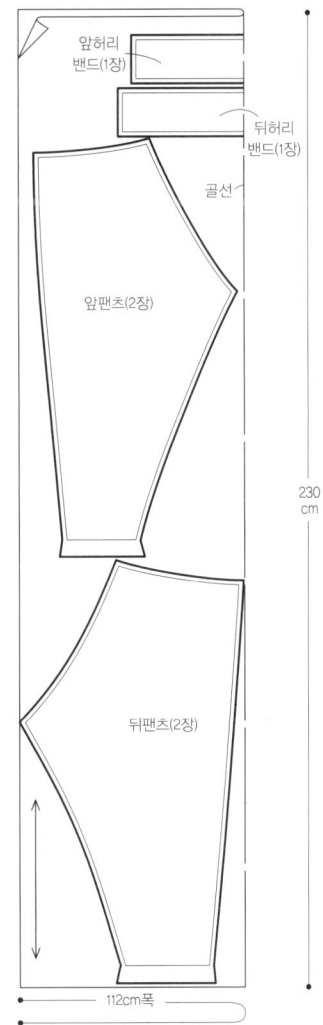

만드는 방법

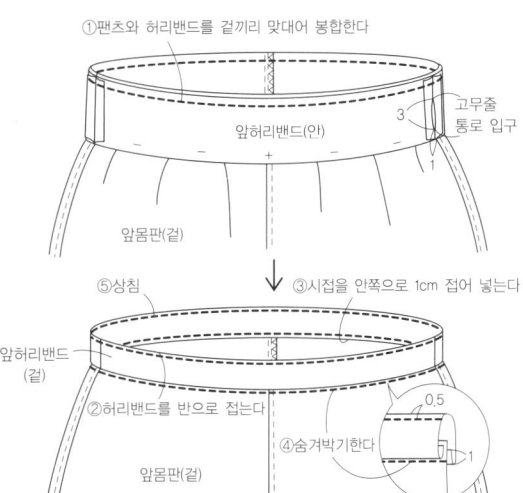

6 허리밴드를 단다

SECTION VII P.40 19 티어 스커트

＋ 패턴 제도
제도의 치수를 참고하여 패턴을 직접 그려 사용합니다.
제도에는 시접이 포함되어 있지 않기 때문에
원단을 재단할 때는 재단 배치도를 참고로 시접을 더해 재단해주세요.

＋ 완성 사이즈 (M~ML 사이즈)
허리에서 9cm 아래의 엉덩이둘레 96cm 스커트길이 76cm

재료
겉감　시어서커……112cm폭×290cm
접착테이프……1.5cm폭×45cm
지퍼……15.5cm 1개
고무줄……2.5cm폭 적당량
단추……지름 1.5cm 1개

준비
뒤윗스커트, 뒤중간스커트의 뒷중심 지퍼다는 위치 시접에
접착테이프를 붙인다.
앞·뒤윗스커트와 앞·뒤중간스커트의 뒷중심과 옆선 시접을
지그재그봉제 또는 오버록 처리한다

만드는 방법
1 윗스커트와 중간스커트를 맞춰 절개선을 봉합한다
　→ 앞·뒤중간스커트의 턱을 접고, 중간스커트와 윗스커트의 앞·뒤를
　각각 겉끼리 맞대어 절개선을 봉합한 다음, 시접은 2장 함께 지그재그봉합
　또는 오버록 통솔처리하고 윗스커트 쪽으로 넘겨 상침한다
2 위·중간스커트의 뒷중심을 봉합하고, 지퍼를 단다 → 그림
3 위·중간스커트의 옆선을 봉합하고 시접을 가름솔한다
4 허리의 시접을 3cm 폭으로 두 번 접어 상침한다
5 앞·뒤아래스커트와 옆아래스커트의 옆선을 겉끼리 맞대어 봉합한다.
　시접은 2장 함께 지그재그봉합 또는 오버록 통솔처리한 다음,
　턱 방향에 맞춰 한쪽으로 넘겨 다린다
6 밑단 시접을 1cm 폭으로 두 번 접어 상침한다
7 중간스커트와 아래스커트를 맞춰 둘레를 봉합한다
　→ 아래스커트의 턱을 접어 1과 같은 방법으로 봉합한 다음 상침한다
8 허리에 고무줄을 통과시킨다(→ 그림)
　고무줄의 길이는 몸에 맞춰 결정한다
9 벨트 고리를 만들어 스커트에 단다 → 그림
10 오른쪽 뒷스커트의 끈고리 위치에 맞춰 왼쪽 스커트에 단추를 단다

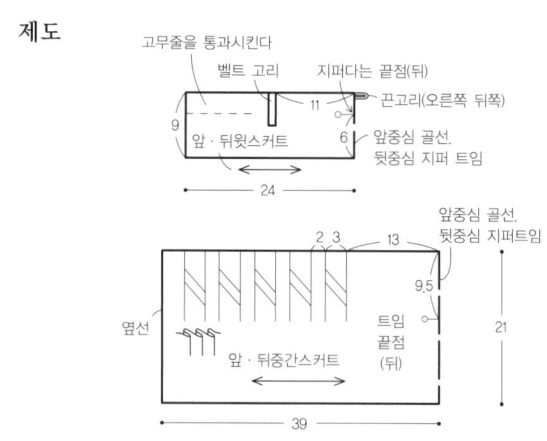

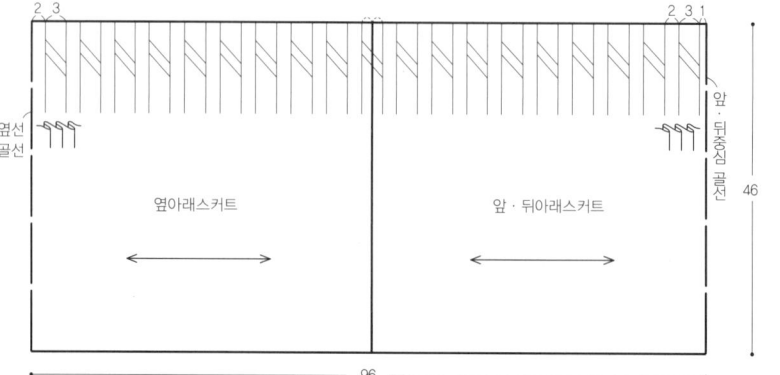

만드는 방법

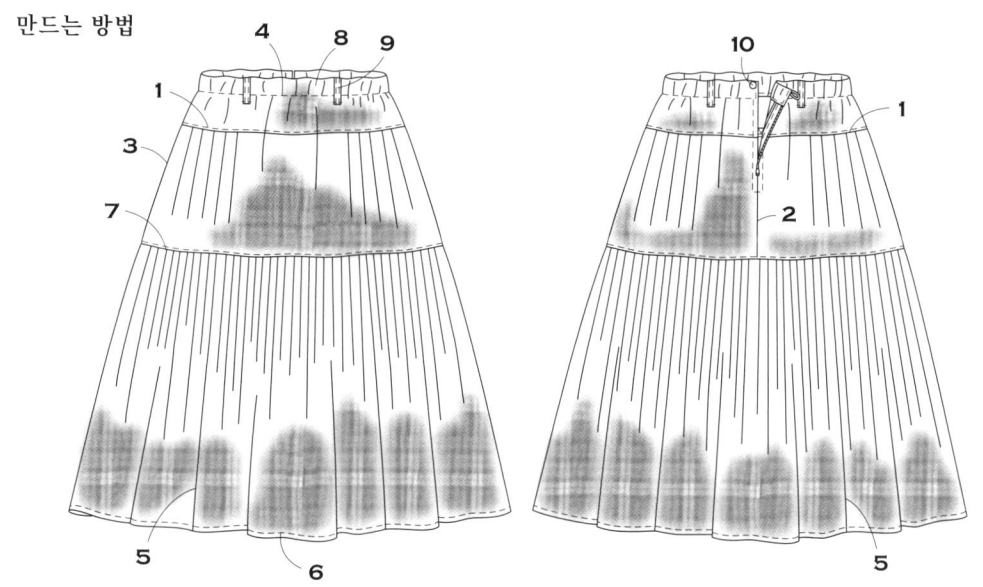

2 위·중간스커트의 뒷중심을 봉합하고, 지퍼를 단다

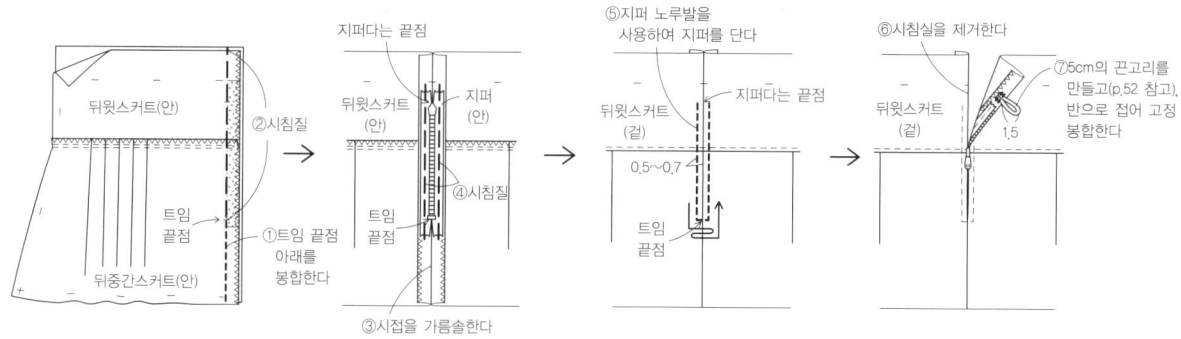

8 허리에 고무줄을 통과시킨다

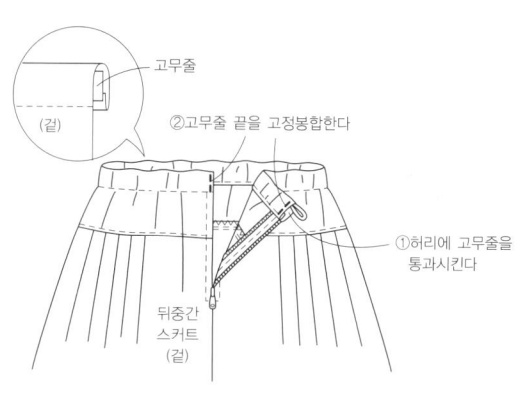

9 벨트 고리를 만들어 스커트에 단다

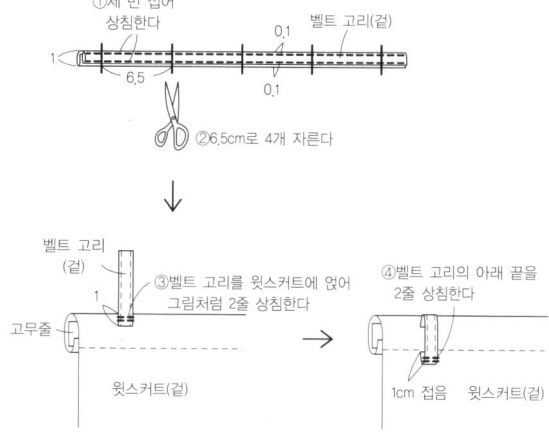

SECTION VII　P.41　20 벌룬 스커트

+ **실물크기 패턴(4면 O)**
  O위앞·뒤스커트, OO아래앞·뒤스커트, O밑단 안단,
  O허리밴드, O주머니
+ **완성 사이즈 (M~L 사이즈)**
  엉덩이둘레 약 148cm　스커트길이 77cm

재료
겉감　코튼린넨 샴브레이……112cm폭×220cm
접착테이프……1.5cm폭×90cm
콘실지퍼……22cm 1개
고무줄……2.5cm폭 적당량
단추……지름 1.5cm 1개

준비
위앞·뒤스커트의 지퍼다는 위치, 주머니 입구 시접의
안쪽면에 접착테이프를 붙인다.
위앞·뒤스커트, 아래앞·뒤스커트,
주머니의 옆선 시접을 지그재그봉제 또는 오버록 처리한다

만드는 방법
1. 위앞·뒤스커트의 왼쪽 옆선을 봉합하고
   콘실지퍼를 단다 → p.51
2. 위앞·뒤스커트의 오른쪽 옆선을 봉합하고 주머니를 만든다 → p.55
3. 허리밴드를 달고 고무줄을 넣는다 → 그림
4. 아래앞·뒤스커트와 밑단 안단의 옆선을 각각 봉합하고,
   시접을 가름솔한다
5. 아래스커트에 밑단 안단을 봉합한다
   → 아래스커트에 밑단 안단을 겉끼리 맞대어 봉합한 다음 안단을
   스커트의 안쪽으로 뒤집어 접고, 안단 위쪽의 시접을 접어 상침한다
6. 윗스커트와 아래스커트를 겉끼리 맞대어 둘레를 봉합한다.
   시접은 2장 함께 지그재그봉합 또는 오버록 통솔처리하여
   윗스커트 쪽으로 넘긴다
7. 허리밴드의 왼쪽 옆에 단춧구멍을 만들고 위치를 맞춰 단추를 단다

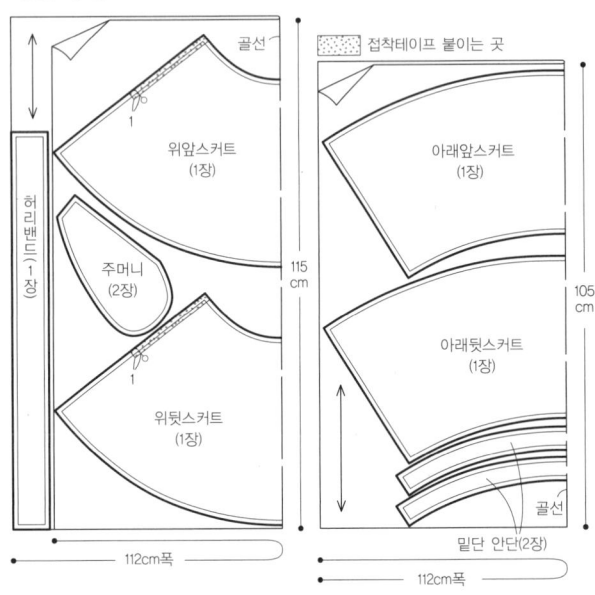

재단 배치도

3 허리밴드를 달고 고무줄을 넣는다

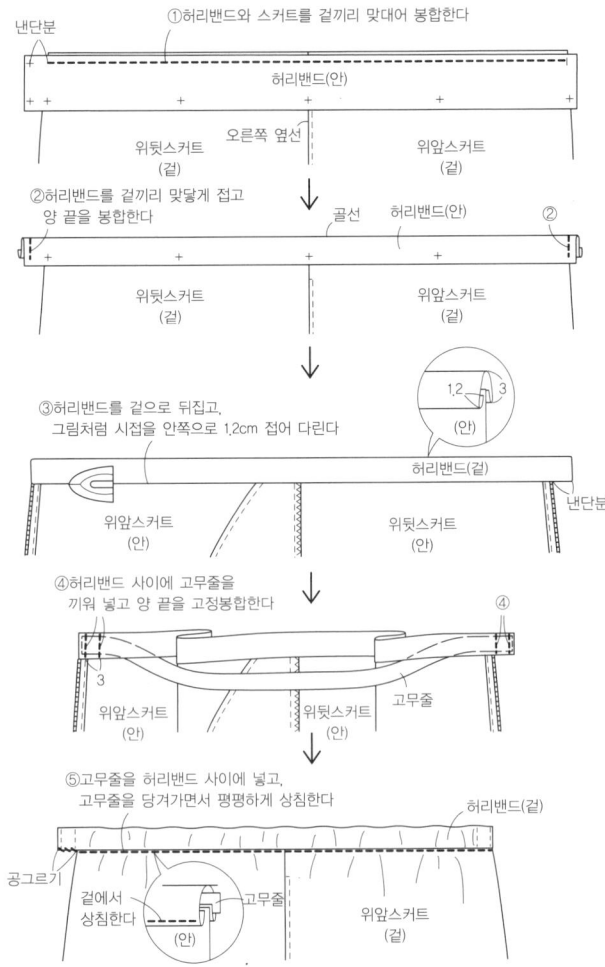

만드는 방법

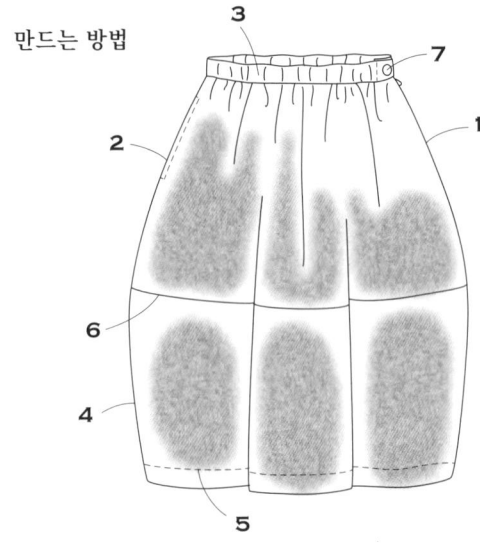

SECTION VII

P.43 22 와이드 팬츠

+ 실물크기 패턴(2면 Q)
Q앞팬츠, Q뒤팬츠, Q앞허리 안단,
Q뒤허리 안단, Q주머니

+ 완성 사이즈 (M~L 사이즈)
엉덩이둘레 104cm 팬츠길이 85.5cm

재료
겉감 린넨……112cm폭×220cm
슬리크(허리 안단용)……60×20cm
고무줄……2.5cm폭 적당량

준비
앞·뒤팬츠의 옆선과 밑아래, 주머니의 옆선 시접을
지그재그봉제 또는 오버록 처리한다

만드는 방법
1 앞·뒤팬츠의 턱을 접어 봉합한다 → 그림
2 앞·뒤팬츠의 옆선을 겉끼리 맞대어 봉합하고 주머니를 만든다 → p.55
3 밑아래를 봉합한다 → 앞·뒤팬츠를 겉끼리 맞대어 밑아래를 봉합하고,
  시접은 가름솔한다
4 밑위둘레를 봉합한다 → 좌·우팬츠를 겉끼리 맞대어 밑위둘레를
  봉합한 다음, 시접은 2장 함께 지그재그봉합 또는 오버록 통솔처리하고
  오른쪽 팬츠 쪽으로 넘겨 상침한다
5 벨트 고리를 만든다 → 1.2cm 폭으로 세 번 접어 상침하고,
  9cm로 5개 자른다
6 팬츠에 허리 안단을 봉합한다.
  이때, 사이에 벨트 고리를 끼워 봉합한다 → 그림
7 벨트 고리를 고정봉합한다 → 그림
8 밑단을 정리한다 → 밑단 시접을 2.5cm 폭으로 두 번 접어 상침한다
9 허리에 고무줄을 통과시킨다.
  고무줄은 몸에 맞춰 길이를 결정하고, 양쪽 끝은 2~3cm 겹쳐
  고정봉합한다

재단 배치도

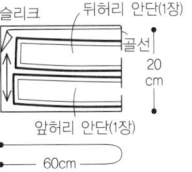

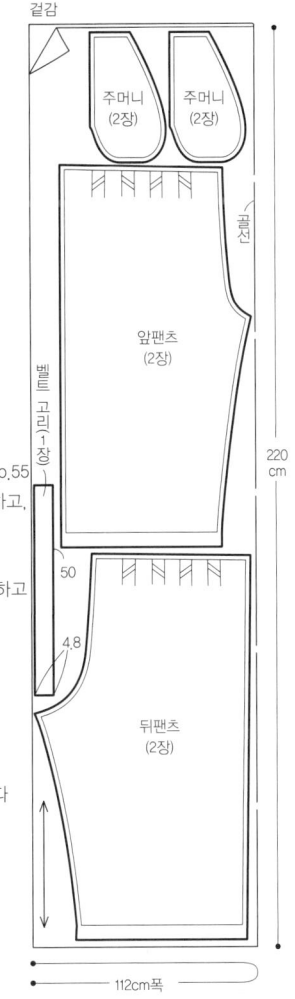

1 앞·뒤팬츠의 턱을 접어 봉합한다

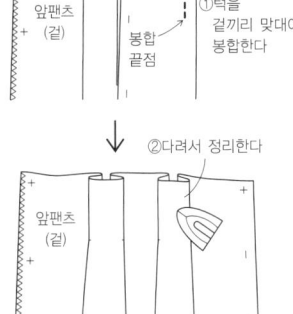

7 벨트 고리를 고정봉합한다

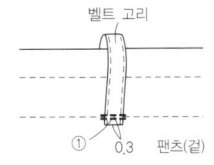

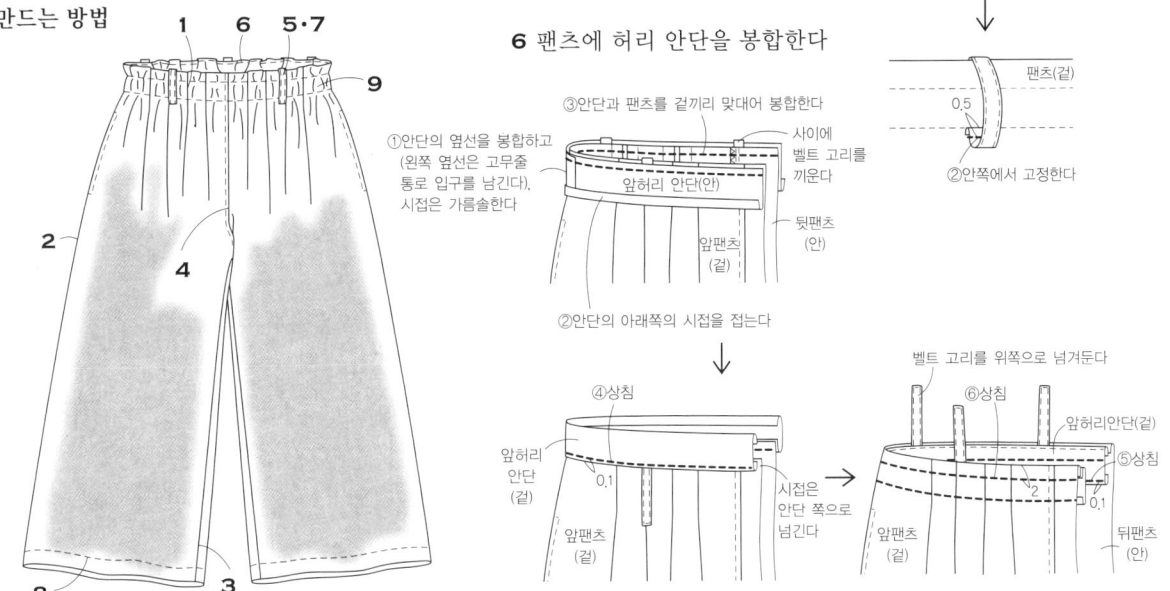

SECTION VII　P.42　21　폴로 셔츠

+ **실물크기 패턴(4면 P)**
  P앞몸판, P뒷몸판, P뒷요크, P트임 덧단, P소매, P칼라, P칼라 받침, P주머니
+ **완성 사이즈 (M~ML 사이즈)**
  가슴둘레 109cm 옷길이 58.5cm 소매길이 21cm

재료
겉감　워시 가공 코튼 브로드……114cm폭×140cm
접착심……90cm폭×55cm
단추……지름 2cm 2개

준비
안칼라, 칼라 받침, 트임 덧단의 안쪽면에 접착심을 붙인다.
트임 덧단 한 장만 아래끝 시접을 지그재그봉제 또는 오버록 처리한다
(지그재그봉제 또는 오버록 처리한 쪽을 왼쪽 트임 덧단으로 한다)

만드는 방법
1. 앞몸판에 트임을 만든다 → 그림
2. 뒷몸판에 턱을 접고, 뒷요크와 맞춰 봉합한다 → 그림
3. 칼라를 만든다 → p.49
4. 칼라를 단다 → p.49
5. 소매를 단다 → 그림
6. 소매 아래에서 옆선까지 한 번에 이어서 봉합한다.
   시접은 2장 함께 지그재그봉합 또는 오버록 통솔처리하여 뒤쪽으로 넘긴다
7. 소맷부리를 정리한다 → 소맷부리를 2.5cm 폭으로 두 번 접어 상침한다
8. 몸판의 밑단을 정리한다 → 밑단 시접을 0.8cm 폭으로 두 번 접어 상침한다
9. 주머니를 만들어 단다 → p.71
10. 단춧구멍을 세로로 만들고, 단추를 단다

재단 배치도

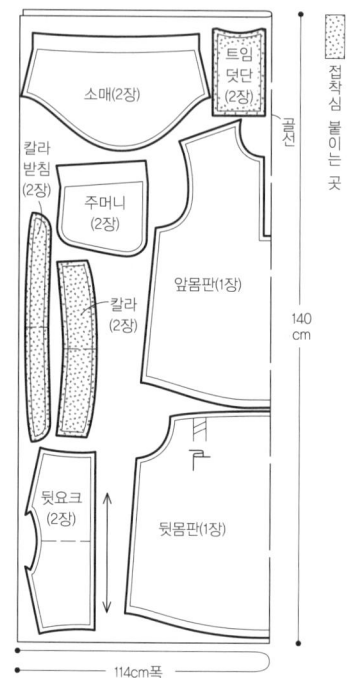

1 앞몸판에 트임을 만든다

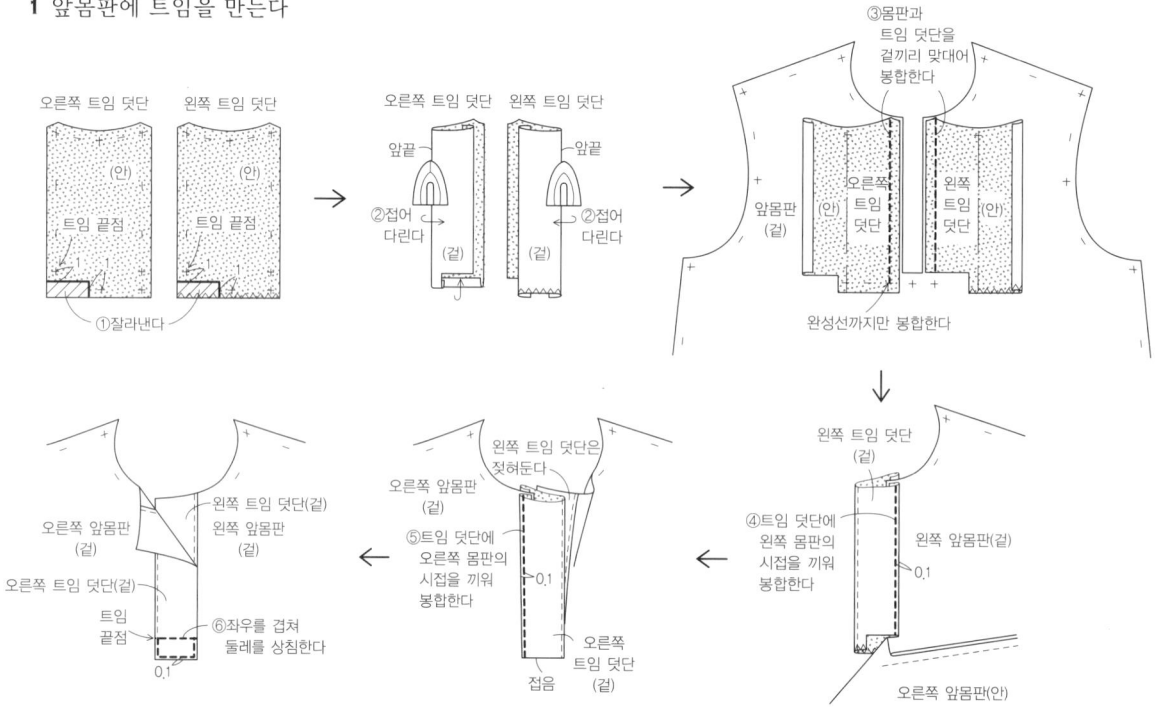

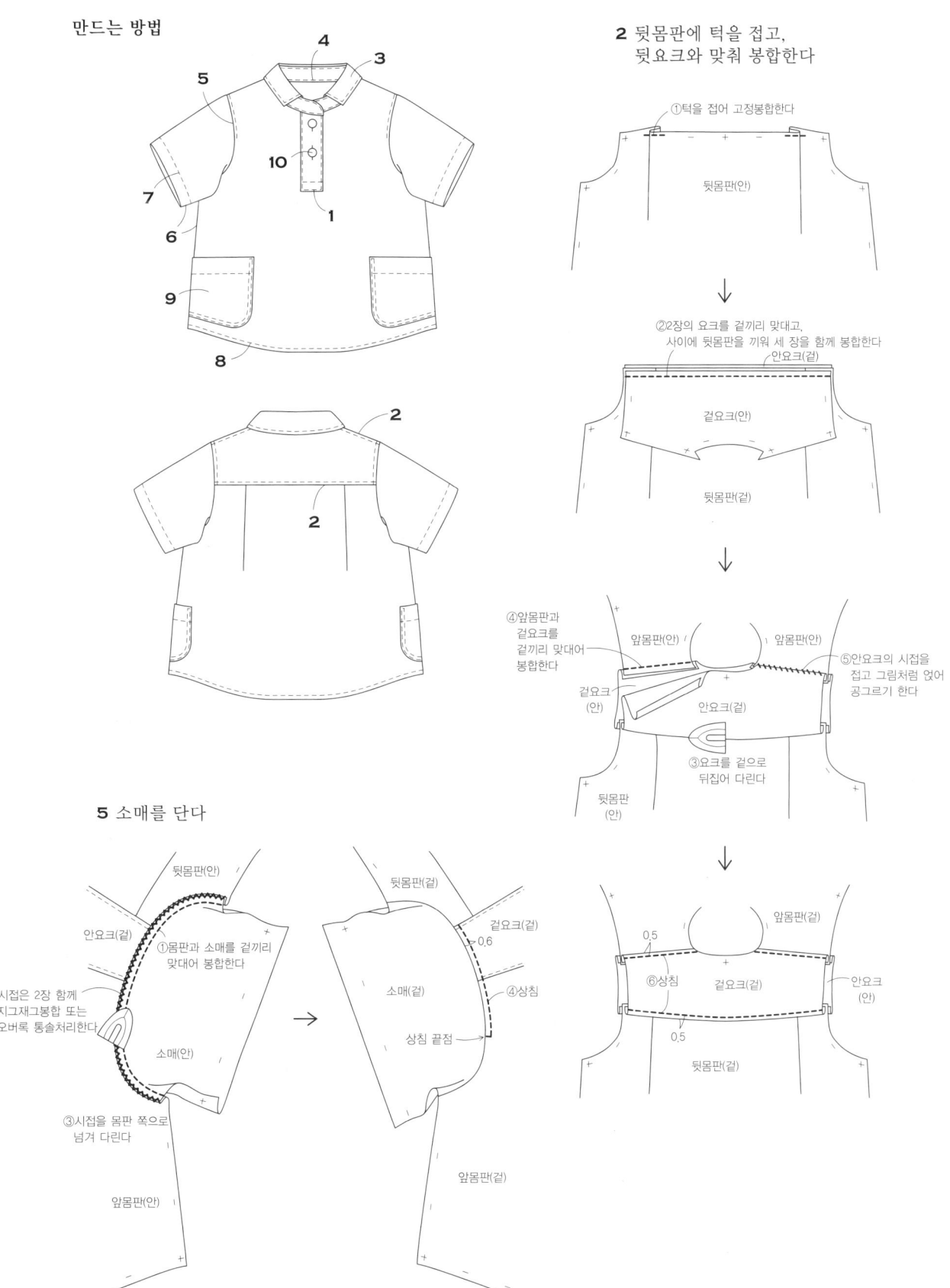

입을 때마다 행복한

핸드메이드 여성복
making & styling book

1판 1쇄 발행 2016년 05월 13일
1판 2쇄 발행 2017년 12월 22일

발행인	정용효
기획/제작	오하나, 국미진, 현보경
번역	손수현
편집	최지선
인쇄	웰컴P&P

신고번호	제2016-000002호
신고일자	2016년 01월 26일
발행처	주)핸디스 소잉스토리
	광주광역시 북구 서암대로 133 (신안동), 3층
대표전화	062_513_8957
팩스	062_522_8827
문의전화	070_8893_9218
홈페이지	www.sewingstory.com
ISBN	979-11-9579-910-7 13590
판매가	15,000원

※ 잘못 인쇄된 책은 구입처에서 교환해 드립니다.
※ 소잉스토리는 소잉D.I.Y 취미실용서를 출간합니다.

발행인 : Sunao Onuma
북 디자인 : Mihoko Amano
촬영 : Chiemi Nakajima
스타일링 : Hiroe Kushio
헤어 & 메이크업 : AKI
모델 : YOO
만드는 방법 설명 : Naoko Domeki
디지털 트레이스 : Shikanoroom
패턴 그레이딩 : Kazuhiro Ueno
패턴 배치 : Hiroko Kondo
검토 : Masako Mukai
편집 : Yukiko Miyazaki (BUNKA PUBLISHIING BUREAU)

KOKOCHIII FUKU WATASHI NO STYLE making & styling book by Yoko Obara
Copyright ⓒ 2015 Yoko Obara All rights reserved.
Original Japanese edition published by EDUCATIONAL FOUNDATION BUNKA GAKUEN BUNKA PUBLISHING BUREAU.
This Korean language edition is published by arrangement with
EDUCATIONAL FOUNDATION BUNKA GAKUEN BUNKA PUBLISHING BUREAU, Tokyo
in care of Tuttle-Mori Agency, Inc., Tokyo through Botong Agency, Seoul

이 책의 한국어판 저작권은 Botong Agency를 통한 저작권자와의 독점 계약으로 핸디스가 소유합니다. 신 저작권법에 의하여 한국 내에서 보호를 받는 저작물이므로 무단전재와 무단복제를 금합니다.

이 도서의 국립중앙도서관 출판예정도서목록(CIP)은 서지정보유통지원시스템 홈페이지(http://seoji.nl.go.kr)와 국가자료공동목록시스템(http://www.nl.go.kr/kolisnet)에서 이용하실 수 있습니다. (CIP제어번호 : CIP2016011100)